苏州大学东亚历史文化研究中心
吉林省社会科学院满铁研究中心

满洲交通史稿补遗

第七卷

主　编　武向平　孙　彤
副主编　孙　雁

社会科学文献出版社
SOCIAL SCIENCES ACADEMIC PRESS (CHINA)

本卷目录

汽车与公路编　三

贰拾贰册　满洲汽车运输事业法及其他法规（下）

汽车与公路编

三

勅令

朕組織法第三十八條ニ依リ参議府ノ諮詢ヲ経テ自動車運輸事業法改正ノ件ヲ裁可シ茲ニ之ヲ公布セシム

御名　御璽

康德八年九月一日

国務総理大臣　張景惠

交通部大臣　阮振鐸

No.

勅令第二百二十号

自動車運輸事業法改正ノ件

自動車運輸事業法ヲ左ノ通改正ス

自動車交通事業法

第一條　本法ニ於テ旅客自動車運輸事業トハ一般ノ需用ニ應ジ路線ヲ定メ定期ニ自動車ヲ使用シテ旅客ヲ運送スル事業ヲ謂ヒ旅客自動車運送事業トハ旅客自動車運輸事業ニ非ズシテ一般ノ需用ニ應ジ自動車ヲ使用シテ旅客ヲ運送スル事業ヲ謂ヒ貨物自動車運送事業トハ一般ノ需用ニ應ジ自動車ヲ使用シテ物品ヲ運送スル事業ヲ謂フ

No.

本法ニ於テ専用自動車道トハ旅客自動車運輸事業者又ハ事業区間ヲ定ムル貨物自動車運送事業者ガ其ノ事業用自動車ノ専用ニ供スル通路ヲ謂フ

第二條　旅客自動車運輸事業ノ路線ハ道路、自動車道、専用自動車道又ハ一般通行ノ用ニ供スル通路ニ依ルベシ

第三條　交通部大臣ハ旅客自動車運輸事業ニ付路線ニ應ジ使用スベキ自動車ノ輛数其ノ他事業ノ基準ヲ定ムルコトヲ得

第四條　旅客自動車運輸事業者ハ交通部大臣ノ定ムル所ニ依リ旅客ノ運送ニ附隨シテ物品ヲ運送スルコトヲ得

第五條　旅客自動車運輸事業ヲ經營セントスル者ハ交通部大臣

ヨ—0022　B列5　28字×10　南滿洲鐵道株式會社

No.

ノ定ムル所ニ依リ運賃其ノ他ニ関スル事業計画ヲ定メ交通部大臣ノ特許ヲ受クベシ

第六條　旅客自動車運輸事業経営ノ特許ノ有效期間ハ専用自動車道ヲ開設シテ其ノ事業ヲ経営スル場合ヲ除キ十年以内トシ交通部大臣之ヲ指定ス

第七條　旅客自動車運輸事業者特許ノ有效期間満了後仍引續キ其ノ事業ヲ経営セントスルトキハ期間更新ノ特許ヲ申請スベシ

前項ノ申請アリタルトキハ交通部大臣ハ特別ノ事由ナキ限リ期間更新ノ特許ヲ為スベシ

No.

第八條　旅客自動車運輸事業ノ經營ノ特許ヲ受ケタル者ハ交通部大臣ノ指定スル期間内ニ運輸開始ノ認可ヲ申請スベシ

專用自動車道ヲ開設シテ旅客自動車運輸事業ヲ經營スル場合ニ在リテハ工事方法ヲ定メ前項ノ認可申請前交通部大臣ノ指定スル期間内ニ工事施行ノ認可ヲ申請スベシ

前項ノ規定ニ依リ認可ヲ受ケタルトキハ交通部大臣ノ指定スル期間内ニ專用自動車道ノ工事ニ着手シ且其ノ指定スル期間内ニ之ヲ竣工セシムベシ

天災其ノ他已ムヲ得ザル事由ニ因リ第一項若ハ第二項ノ期間内ニ認可ヲ申請スルコト能ハザルトキ又ハ前項ノ期間内ニ工

No.

事ニ着手シ若ハ之ヲ竣工セシムルコト能ハザルトキハ申請ニ因リ交通部大臣ハ期間ヲ伸長スルコトヲ得

第九條　旅客自動車運輸事業者専用自動車道ノ工事方法ヲ変更セントスルトキハ交通部大臣ノ認可ヲ受クベシ

第十條　専用自動車道ニ関スル工事ノ為必要アルトキハ旅客自動車運輸事業者ハ新京特別市長、市長、縣長又ハ旗長ノ許可ヲ受ケ沿道ノ土地ニ立入リ又ハ其ノ土地ヲ使用スルコトヲ得

前項ノ規定ニ依ル立入又ハ使用ヲ為サントスルトキハ已ムヲ得ザル事由アル場合ヲ除クノ外豫メ土地ノ占有者ニ之ヲ通知スベシ

ヨ―0022　B列5　28字×10　南滿洲鐵道株式會社

No.

第一項ノ規定ニ依ル立入又ハ使用ニ因リテ生ジタル損害ハ事業者ニ於テ遅滞ナク之ヲ補償スベシ

前項ノ補償ニ付協議調ハザルトキハ申請ニ因リ第一項ニ規定スル官署ノ長之ヲ裁定ス

第十一條　政府又ハ政府ノ許可ヲ受ケタル者ガ專用自動車道ニ接續シ若ハ接近シ又ハ之ヲ横断シテ道路、自動車道、專用自動車道、橋梁、河川、運河、溝渠、鉄道等ヲ造設セントスルトキハ旅客自動車運輸事業者ハ之ヲ拒ムコトヲ得ズ

前項ノ場合ニ於テ公益上必要アリト認ムルトキハ交通部大臣ハ旅客自動車運輸事業者ニ対シ設備ノ共用又ハ変更ヲ命ズル

No.

コトヲ得

前二項ノ場合ニ於テ旅客自動車運輸事業者ノ受ケタル損害ハ政府又ハ政府ノ許可ヲ受ケタル者ニ於テ遅滞ナク之ヲ補償スベシ

第一項又ハ第二項ノ場合ニ於テ其ノ実施方法又ハ費用ノ負擔ニ付協議調ハザルトキハ申請ニ因リ交通部大臣之ヲ裁定ス旅客自動車運輸事業者ノ受ケタル損害ノ補償ニ付亦同ジ

第十二條　旅客自動車運輸事業ノ譲渡ハ交通部大臣ノ許可ヲ受クルニ非ザレバ其ノ效力ヲ生ゼズ

会社ノ合併ニ因ル旅客自動車運輸事業ノ承継ニ付テハ合併前

No.

交通部大臣ノ許可ヲ受クベシ
旅客自動車運輸事業者死亡シタルトキハ相續人ハ其ノ事業ヲ承継ス

第十三條　旅客自動車運輸事業者ハ交通部大臣ノ許可ヲ受ケタル場合ニ限リ事業ノ經營ヲ他ノ旅客自動車運輸事業者ニ委託スルコトヲ得
經營ノ委託ヲ受ケタル者ハ交通部大臣ニ対シ委託者ト共ニ其ノ責ニ任ズ

第十四條　旅客自動車運輸事業者其ノ事業ノ共同經營ヲ為サントスルトキハ交通部大臣ノ認可ヲ受クベシ

No.

第十五條、旅客自動車運輸事業計画ヲ變更セントスルトキハ交通部大臣ノ認可ヲ受クベシ

第十六條、旅客自動車運輸事業ヲ営ム会社ハ交通部大臣ノ認可ヲ受ケタル場合ニ限リ他ノ事業ヲ営ムコトヲ得

第十七條、旅客自動車運輸事業ノ運輸、設備及会計ニ関スル規程ハ交通部大臣之ヲ定ム

交通部大臣ハ旅客自動車運輸事業ノ運賃又ハ料金ニ関スル規程ヲ定ムルコトヲ得

第十八條　交通部大臣ハ公益上又ハ事業統制上必要アリト認ムルトキハ旅客自動車運輸事業者ニ対シ左ニ掲グル事項ヲ命ズ

ヨ—0022　B列5　28字×10　南満洲鐵道株式會社

No.

ルコトヲ得

一　運賃其ノ他ニ関スル事業計画又ハ専用自動車道ノ工事方法ヲ変更セシムルコト

二　路線ヲ延長又ハ変更セシムルコト

三　他ノ運送業者ト設備ノ共用、連路運輸、運賃協定其ノ他運輸ニ関スル協定ヲ為サシムルコト

四　全部又ハ一部ノ路線ヲ共通ニスル二以上ノ旅客自動車運輸事業者アル場合共同経営又ハ会社ノ合併ヲ為サシムルコト

五　旅客又ハ物品ノ運送ニ関スル損害ニ付保険ニ附セシムル

ヨ－0022　B列5　28字×10　南滿洲鐵道株式會社

No.

コト

六　前各号ノ外事業ノ改善ヲ為サシムルコト

前項第三号又ハ第四号ノ場合ニ於テ其ノ実施方法又ハ各事業者ノ収得シ若ハ負擔スベキ金額ニ付協議調ハザルトキハ申請ニ因リ交通部大臣之ヲ裁定ス

第十九條　旅客自動車運輸事業者ニ對スル特許又ハ認可ニハ條件ヲ附スルコトヲ得

前項ノ條件ハ公益上必要アルトキハ之ヲ變更スルコトヲ得

旅客自動車運輸事業者第一項ノ規定ニ依リ附シタル條件ニ従ヒ事業ノ讓渡、其同經營又ハ会社ノ合併ヲ求メラレ之ニ應ジ

ヨー0022　B列5　28字×10　南滿洲鐵道株式會社　(16.6.5,000冊 協同號)

No.

タル場合ニ於テ其ノ譲渡條件、実施方法又ハ各事業者ノ収得シ若ハ負擔スベキ金額ニ付協議調ハザルトキハ申請ニ因リ交通部大臣之ヲ裁定ス

第二十條　旅客自動車運輸事業者ハ交通部大臣ノ許可ヲ受クルニ非ザレバ其ノ事業ノ全部若ハ一部ヲ休止シ又ハ廢止スルコトヲ得ズ

旅客自動車運輸事業ヲ営ム会社ノ解散ヲ為ス総会ノ決議又ハ総社員ノ同意ハ交通部大臣ノ認可ヲ受クルニ非ザレバ其ノ效カヲ生ゼズ

第二十一條　左ノ各号ノ一ニ該当スル場合ニ於テハ交通部大臣

No.

ハ旅客自動車運輸事業経営ノ特許ノ全部若ハ一部ヲ取消シ又ハ事業ノ全部若ハ一部ノ停止ヲ命ズルコトヲ得

一　本法若ハ本法ニ基キテ發スル命令ノ規定又ハ之ニ基ク處分ニ違反シタルトキ

二　特許、許可又ハ認可ヲ受ケタル事項ヲ故ナク実施セザルトキ

三　特許、許可又ハ認可ニ附シタル條件ニ違反シタルトキ

四　事業ノ経営不確実、資産状態ノ著シキ不良其ノ他ノ事由ニ因リ事業ヲ継續スルニ適セズト認メタルトキ

五　公益ヲ害スル行為ヲ為シタルトキ

No.

六　道路、自動車道、専用自動車道又ハ一般通行ノ用ニ供スル通路ノ状況ガ自動車ノ運行ニ適セザルニ至リタルトキ

第二十二条　左ノ各号ノ一ニ該当スル場合ニ於テハ旅客自動車運輸事業経営ノ特許ハ其ノ効力ヲ失フ

一　運輸開始ノ認可申請期間内ニ認可ヲ申請セザルトキ

二　運輸開始ノ認可ナキトキ

三　事業経営ノ特許ヲ受ケタル者会社ノ発起人又ハ無限責任社員タルベキ者ナルトキハ運輸開始ノ認可申請期間内（一路線ノ全部又ハ一部ニ付専用自動車道ヲ開設スル場合ニ在リテハ工事施行ノ認可申請期間内）ニ会社設立ノ登記ヲ為サ

No.

ザルトキ

四　専用自動車道ニ付工事施行ノ認可申請期間内ニ認可ヲ申請セザルトキ

五　専用自動車道ニ付工事施行ノ認可ナキトキ

六　専用自動車道ニ付工事着手ノ期間内ニ工事ニ着手セザルトキ

第二十三條　旅客自動車運送事業ヲ経営セムトスル者ハ交通部大臣ノ定ムル所ニ依リ運賃其ノ他ニ関スル事業計画ヲ定メ省長又ハ新京特別市長ノ特許ヲ受クベシ

第二十四條　旅客自動車運送事業経営ノ特許ヲ受ケタル者省長

ヨ－0022　B列5　28字×10　南満洲鐵道株式會社

No.

又ハ新京特別市長ノ指定スル期間内ニ其ノ事業ヲ開始セザル
トキハ特許ハ其ノ効力ヲ失フ

第二十五條、第四條、第十二條、第十四條、第十五條、第十七條第二項、第十八條（第一項第二号及第五号ヲ除ク）、第十九條、第二十條、及第二十一條（第六号ヲ除ク）ノ規定ハ旅客自動車運送事業ニ之ヲ準用ス但シ第十二條、第十四條、第十五條、及第十八條乃至第二十一條中交通部大臣トアルハ省長又ハ新京特別市長トシ第十八條第一項第四号中路線トアルハ主タル事業区域トス

第二十六條、交通部大臣ハ公益上又ハ事業統制上必要アリト認

ハルトキハ旅客自動車運輸事業又ハ旅客自動車運送事業ニ非ズシテ自動車ニ依リ旅客ヲ運送スル事業ノ經營ヲ制限又ハ禁止スルコトヲ得

第二十七條　事業区間ヲ定ムル貨物自動車運送事業ヲ經營セントスル者ハ交通部大臣ノ定ムル所ニ依リ運賃其ノ他ニ関スル事業計画ヲ定メ交通部大臣ノ特許ヲ受クベシ

第二十八條　事業区間ヲ定ムル貨物自動車運送事業經營ノ特許ヲ受ケタル者交通部大臣ノ指定スル期間内ニ其ノ事業ヲ開始セザルトキハ特許ハ其ノ效力ヲ失フ

天災其ノ他已ムヲ得ザル事由ニ依リ前項ノ期間内ニ事業ヲ開

始スルコト能ハザルトキハ申請ニ因リ交通部大臣ハ期間ヲ伸長スルコトヲ得

第二十九條　第八條第二項乃至第四項、第九條乃至第十五條、第十七條、第十八條（第一項第二号ヲ除ク）、第十九條乃至第二十一條及第二十二條（第一号乃至第三号ヲ除ク）ノ規定ハ事業区間ヲ定ムル貨物自動車運送事業ニ之ヲ準用ス但シ第十八條第一項第四号中路線トアルハ事業区間トス

第三十條　主タル事業区域ヲ定ムル貨物自動車運送事業ヲ経営セントスル者ハ交通部大臣ノ定ムル所ニ依リ運賃其ノ他ニ関スル事業計画ヲ定メ省長又ハ新京特別市長ノ特許ヲ受クベシ

No.

第三十條、主タル事業区域ヲ定ムル貨物自動車運送事業ヲ経営セントスル者ハ交通部大臣ノ定ムル所ニ依リ運賃其ノ他ニ関スル事業計画ヲ定メ省長又ハ新京特別市長ノ特許ヲ受クベシ

第三十一條、第十二條乃至第十五條、第十七條、第十八條（第一項第二号ヲ除ク）、第十九條、第二十條、第二十一條（第六号ヲ除ク）及第二十八條ノ規定ハ主タル事業区域ヲ定ムル貨物自動車運送事業ニ之ヲ準用ス但シ第十二條乃至第十五條、第十八條乃至第二十一條及第二十八條中交通部大臣トアルハ省長又ハ新京特別市長トシ第十八條第一項第四号中路線トアルハ主タル事業区域トス

No.

第三十二條 第二十六條ノ規定ハ貨物自動車運送事業ニ非ズシテ自動車ニ依リ物品ヲ運送スル事業ニ之ヲ準用ス

第三十三條 交通部大臣ハ自動車交通事業ノ統制及發展ヲ図ル為必要アリト認ムルトキハ其ノ定ムル所ニ依リ地区及組合員タル資格ヲ定メ当該地区内ニ於テ組合員タル資格ヲ有スル者ニ對シ自動車運送事業組合（以下組合ト稱ス）ノ設立ヲ命ズルコトヲ得

前項ノ規定ニ依リ組合ノ設立ヲ命ゼラレタルトキハ交通部大臣ノ定ムル所ニ依リ設立總会ヲ開キ定款其ノ他設立ニ関シ必要ナル事項ヲ定メ組合長、副組合長、理事及監事ヲ選任シ交

No.

通部大臣ノ設立ノ認可ヲ受クベシ
第三十四條　前條第一項ノ規定ニ依リ組合ノ設立ヲ命ゼラレタル者交通部大臣ノ指定スル期限迄ニ設立ノ認可ヲ申請セザルトキハ交通部大臣ハ定款ノ作成其ノ他設立ニ関シ必要ナル處分ヲ為スコトヲ得
第三十五條　組合ハ法人トス
第三十六條　組合ハ設立ノ認可アリタル時又ハ第三十四條ノ規定ニ依リ定款ノ作成アリタル時成立ス
第三十七條　組合成立シタルトキハ其ノ組合ノ地区内ニ於テ組合員タル資格ヲ有スル者ハ總テ其ノ組合員トス

No.

第三十八條　交通部大臣ハ自動車交通事業ノ状況ニ依リ組合ノ地区ヲ拡張スル必要アリト認ムルトキハ其ノ定ムル所ニ依リ拡張スベキ地区及組合員タル資格ヲ定メ組合ニ対シ地区ヲ拡張シ当該地区内ニ於テ組合員タル資格ヲ有スル者ヲ組合ニ加入セシムベキコトヲ命ズルコトヲ得

組合前項ノ命令ヲ受ケタルトキハ交通部大臣ノ定ムル所ニ依リ定款ノ變更其ノ他必要ナル事項ヲ定メ地区拡張ニ付交通部大臣ノ認可ヲ受クベシ

前項ノ認可ヲ受ケタルトキハ第一項ニ規定スル地区内ニ於テ組合員タル資格ヲ有スル者ハ総テ其ノ組合ノ組合員トス

第三十九條　交通部大臣ハ自動車交通事業ノ状況ニ依リ必要ア

No.

リト認ムルトキハ其ノ定ムル所ニ依リ組合ニ対シ合併ヲ為ス
コトヲ命ズルコトヲ得

組合前項ノ命令ヲ受ケタルトキハ交通部大臣ノ定ムル所ニ依
リ合併契約ノ締結、定款ノ作成又ハ変更其ノ他合併ニ関シ必
要ナル事項ヲ定メ交通部大臣ノ認可ヲ受クベシ

組合ノ合併ハ前項ノ認可ニ因リテ其ノ效力ヲ生ズ

合併後存續スル組合又ハ合併ニ因リテ成立シタル組合ハ合併
ガ效力ヲ生ジタル時ニ合併ニ因リテ消滅シタル組合ノ権利義
務ヲ承継ス

第四十條　組合ハ左ニ掲グル事業ヲ行フ

No.

一　組合員ニ対スル運賃又ハ料金ノ統制
二　組合員ニ対スル輸送ノ統制
三　組合員ニ対スル資金又ハ資材ノ斡旋
四　前各号ニ掲グルモノノ外組合員ノ事業ノ統制及発展ニ必要ナル事業

第四十一条　組合ニハ組合長、副組合長二名以内、理事十名以外及監事三名以外ヲ置クベシ

第四十二条　左ニ掲グル事項ハ総会ノ議決ヲ経ベシ
一　定款ノ変更
二　毎年度ノ事業計画

No.

三　経費ノ分賦及収入方法

四　豫算及決算

五　第四十三條ノ規程ノ制定及變更

六　組合長、副組合長、理事及監事ノ選任及解任

七　合併

前項第一号及第六号ニ掲グル事項ノ決議ハ交通部大臣ノ認可ヲ受クルニ非ザレバ其ノ效力ヲ生ゼズ

第一項第五号ニ掲グル事項ノ決議ハ交通部大臣ノ定ムル所ニ依リ交通部大臣、省長又ハ新京特別市長ノ認可ヲ受クルニ非ザレバ其ノ效力ヲ生ゼズ

ヨ－0022　B列5　28字×10　南滿洲鐵道株式會社　(16. 6. 5,000冊　緑川納)

No.

第四十三條　組合ハ統制ヲ行フ為必要ナル規程ヲ定ムベシ
交通部大臣統制上必要アリト認ムルトキハ前項ノ規程ヲ變更
スルコトヲ得
第四十四條　組合ハ定款ノ定ムル所ニ依リ其ノ組合員ニ對シ經
費ヲ分賦シ過怠金ヲ課スルコトヲ得
第四十五條　交通部大臣ハ組合ニ對シ監督上又ハ公益上必要ナ
ル命令ヲ為スコトヲ得

第四十六條　交通部大臣ハ組合ノ目的ヲ達成セシムル為組合員
ニ對シ其ノ組合ノ統制ニ從フベキコトヲ命ズルコトヲ得
第四十七條　交通部大臣ハ組合ノ行為ガ法令ニ基キテ為シタル

No.

處分若ハ定款ニ違反シ又ハ公益ヲ害シ若ハ害スル虞アリト認ムルトキハ總会ノ決議ヲ取消シ又ハ組合長、副組合長、理事、監事若ハ清算人ヲ解任スルコトヲ得

第四十八條　交通部大臣ハ自動車交通事業ノ状況ニ依リ必要アリト認ムルトキハ組合ヲ解散スルコトヲ得

第四十九條　組合ハ前條ノ處分アリタル場合ノ外合併ニ因リテ解散ス

第五十條　組合解散シタルトキハ合併ニ因ル場合ヲ除クノ外清算ヲ為スベシ

第五十一條　交通部大臣ハ左ニ掲グル場合ニ於テ遅滞ナク其ノ

No.

定ムル所ニ依リ告示ヲ為スベシ告示ヲ為シタル事項ニ付変更ヲ生ジタルトキ亦同ジ

一　組合成立シタルトキ

二　組合其ノ地区ヲ拡張シタルトキ

三　組合合併ヲ為シタルトキ

四　第四十八條ノ規定ニ依リ組合ヲ解散シタルトキ

五　清算人就職シタルトキ

六　清算結了シタルトキ

第五十二條　民法第三十四條、第三十五條、第五十二條、第五十五條第二項、第五十七條、第五十八條、第六十三條、第六

No.

十五條、第六十六條、第六十八條乃至第七十一條、第七十三條、第七十七條乃至第八十條、第八十四條乃至第九十條並ニ第九十三條ニ於テ準用スル第五十五條、第二項、第五十七條、第五十八條、第六十六條及第七十三條第二項第三項ノ規定ハ組合ニ之ヲ準用ス

第五十三條 本法ニ規定スルモノノ外組合ノ設立、管理、合併解散、清算其ノ他組合ニ関シ必要ナル事項ハ交通部大臣之ヲ定ム

第五十四條 当該行政官署監督上必要アルトキハ旅客自動車運輸事業者、旅客自動車運送事業者、貨物自動車運送事業者又

No.

ハ組合ヲシテ事業上ノ報告ヲ為サシメ若ハ帳簿其ノ他ノ書類ヲ提出セシメ又ハ所属ノ官吏ヲシテ業務及財産ノ状況ヲ検査セシムルコトヲ得

第五十五條　交通部大臣ハ其ノ定ムル所ニ依リ本法ニ規定スル職権ノ一部ヲ省長又ハ新京特別市長ニ委任スルコトヲ得

第五十六條　國ニ於テ又ハ國有鉄道ノ附属事業トシテ経営スル旅客自動車運輸事業ニ付テハ第一條、第二條、第四條及第十七條第一項（会計ニ関スル部分ヲ除ク）ノ規定ニ限リ本法ヲ適用ス

國有鉄道ノ附属事業トシテ経営スル旅客自動車運送事業ニ付テハ第一條及第二十五條ニ於テ準用スル第四條ノ規定ニ限リ、貨物自動車運送事業ニ付テハ第一條、並ニ第二十九條及第三

No.

十一條ニ於テ準用スル第十七條第一項（会計ニ関スル部分ヲ除ク）ノ規定ニ限リ本法ヲ適用ス
國ニ於テ旅客自動車運輸事業ヲ經営セントスルトキハ当該官廳ハ運賃其ノ他ニ関スル事業計画ヲ定メ交通部大臣ニ協議スベシ
國ニ於テ又ハ國有鉄道ノ附屬事業トシテ旅客自動車運輸事業ヲ經営シタル為ニ路線ヲ共通ニスル旅客自動車運輸事業者ガ其ノ部分ニ付事業ヲ継續スルコト能ハザルニ因リ其ノ事業ヲ廢止シタルトキ又ハ著シク收益ヲ減少スルニ至リタルトキハ政府又ハ國有鉄道ノ附屬事業トシテ旅客自動車運輸事業ヲ經

営スル者ハ勅令ノ定ムル所ニ依リ其ノ事業者ノ受ケタル損失ヲ補償シ残存路線ノミニ付事業ヲ継續スルコト能ハザルニ至リタルトキ亦同ジ

第五十七條　左ノ各号ノ一ニ該当スル者ハ二年以下ノ徒刑又ハ又ハ三千円以下ノ罰金ニ處ス

一　特許ヲ受ケズシテ旅客自動車運輸事業、旅客自動車運送事業又ハ貨物自動車運送事業ヲ経営シタル者

二　第十七條第二項（第二十五條、第二十九條又ハ第三十一條ニ於テ準用スル場合ヲ含ム）ノ規定ニ依リ定メタル規程ニ違反シタル者

第五十八條　左ノ各号ノ一ニ該当スル者ハ三千円以下ノ罰金ニ處ス

一　第二十條第一項（第二十五條、第二十九條又ハ第三十一條ニ於テ準用スル場合ヲ含ム）ノ規定ニ違反シタル者

二　第二十六條（第三十二條ニ於テ準用スル場合ヲ含ム）ノ規定ニ依ル制限又ハ禁止ニ違反シタル者

第五十九條　旅客自動車運輸事業者、旅客自動車運送事業者又ハ貨物自動車運送事業者左ノ各号ノ一ニ該当スルトキハ千円以下ノ罰金ニ處ス

一　本法又ハ本法ニ基キテ發スル命令ノ規定ニ依リ許可又ハ

認可ヲ受ケテ為スベキ事項ヲ之ヲ受ケズシテ為シタルトキ

二　特許、許可又ハ認可ヲ受ケタル事項ヲ故ナク実施セザルトキ

三　特許、許可又ハ認可ニ附シタル條件ニ違反シタルトキ

四　第十七條第一項（第二十九條又ハ第三十一條ニ於テ準用スル場合ヲ含ム）ノ規定ニ依リ定メタル規定ニ違反シタルトキ

五　第十八條、（第二十五條、第二十九條又ハ第三十一條ニ於テ準用スル場合ヲ含ム）ノ規定ニ基ク處分ニ違反シタルトキ

六　第二十一條（第二十五條、第二十九條、又ハ第三十一條ニ於テ準用スル場合ヲ含ム）ノ規定ニ依ル停止ノ處分ニ違反シタルトキ

七　第四十六條ノ規定ニ依ル處分ニ從ハザルトキ

第六十條　旅客自動車運輸事業者、旅客自動車運送事業者又ハ貨物自動車運送事業者左ノ各号ノ一ニ該当スルトキハ五百円以下ノ罰金又ハ科料ニ處ス

一　本法又ハ本法ニ基キテ發スル命令ノ規定ニ依リテ為スベキ報告若ハ届出ヲ怠リ又ハ虚偽ノ報告若ハ届出ヲ為シタルトキ

No.

二 本法又ハ本法ニ基キテ發スル命令ノ規定ニ依リテ為スベキ帳簿書類ノ提出ヲ怠リ又ハ之ニ不実ノ記載ヲ為シタルトキ

三 第五十四條ノ規定ニ依ル所屬官吏ノ検査ヲ阻障シタルトキ

第六十一條 前四條ノ規定ノ適用ニ付テハ康德五年勅令第二百二十五号行政法規ノ罰則適用ニ関スル件ニ依ル

第六十二條 組合長、副組合長、理事、監事又ハ清算人左ノ各号ノ一ニ該当スルトキハ千円以下ノ過料ニ處ス但シ其ノ行為ニ付刑ヲ科スベキトキハ此ノ限ニ在ラズ

No.

一　本法若ハ本法ニ基キテ發スル命令ノ規定又ハ之ニ基ク處分ニ違反シタルトキ

二　当該行政官署ノ検査ヲ妨ゲタルトキ

三　当該行政官署又ハ総会ニ対シ不実ノ申立ヲ為シ又ハ事実ヲ隠蔽シタルトキ

四　本法ニ定ムル公告又ハ催告ニ付不正ノ公告又ハ催告ヲ為シタルトキ

五　本法ノ規定ニ依リ備附ケタル書類ニ不正ノ記載ヲ為シタルトキ

六　組合ノ目的ニ非ザル事業ヲ為シタルトキ

ヨー0022　B列5　28字×10　南満洲鐵道株式會社

No.

第六十三條　第五十七條乃至前條ノ規定ハ公共團体ガ旅客自動車運輸事業、旅客自動車運送事業又ハ貨物自動車運送事業ヲ經營スル場合ニハ之ヲ適用セズ

附　則

第六十四條　本法ハ康德八年十月一日ヨリ之ヲ施行ス

第六十五條　本法施行前從前ノ例ニ依リ旅客自動車運輸事業、旅客自動車運送事業又ハ貨物自動車運送事業ノ經營ヲ為ス權利ヲ有スル者ニシテ本法施行ノ際現ニ其ノ事業ヲ經營スル者ハ~~本法施行ノ際現ニ其ノ事業ヲ經營スル者ハ本法施行ノ日ヨ~~リ其ノ事業ノ經營ニ付~~本法施行ノ日ヨリ其ノ事業ノ經營ニ付~~

No.

本法ニ依リ特許ヲ受ケタル者ト看做ス

前項ニ規定スル者ハ本法施行ノ日ヨリ二月以内ニ交通部大臣ノ定ムル所ニ依リ其ノ旨ノ届出ヲ為スベシ

第六十六条　前条第一項ニ規定スル者ノ特許ノ有効期間ハ本法施行ノ日ヨリ五年間トス

第六十七条　本法施行ノ際現ニ旅客自動車運輸事業、旅客自動車運送事業又ハ貨物自動車運送事業ヲ経営スル者ニシテ第六十五条第一項ニ規定スル者以外ノ者ハ本法施行ノ日ヨリ三月間ニ限リ仍従前ノ通其ノ営業ヲ為スコトヲ得此ノ期間内ニ其ノ営業ノ経営ニ付特許ノ申請ヲ為ストキハ特許又ハ其ノ拒否

ヨ—0022　B列5　28字×10　南満洲鐵道株式會社

No.

1日迄示同ジ

20　20

ヨ—0022　B列5　28字×10　南满洲铁道株式会社　(20, 5, 5,000册 [illegible])

No.

治安部令第四十二號

茲ニ自動車交通事業取締規則ヲ左ノ通制定ス

康德八年十一月十日

治安部大臣　于琛澂

ヨ—0022　B列5　28字×10　南滿洲鐵道株式會社

No.

自動車交通事業取締規則

第一條　本令ニ於テ自動車交通事業トハ自動車交通事業法及同法ニ基ク命令ニ規定スル旅客自動車運輸事業、旅客自動車運送事業、特定旅客自動車運送事業、貨物自動車運送事業又ハ特定貨物自動車運送事業ヲ謂フ自動車交通事業者トハ前項ノ事業又ハ業ヲ經營スル者ヲ謂フ

第二條　自動車交通事業者ハ其ノ事業開始前別記第一號樣式ニ依リ主タル事業地ヲ管轄スル省長（新京特別市ニ在リテハ警察總監以下同ジ）ニ屆出ヅベシ

前項屆出ニ係ル事項ヲ變更シ事業ノ一部若ハ全部ヲ休止シ若

No.

ハ廃止シ又ハ休止セル事業ヲ復活シタルトキハ七日以内ニ別記第二号乃至第五号様式ニ依リ主タル事業地ヲ管轄スル省長ニ之ヲ届出ヅベシ

第三條　自動車交通事業者ハ其ノ事業ニ従事スル運轉者ヲ就業セシメタルトキハ七日以内ニ別記第六号様式ニ依リ主タル事業地ヲ管轄スル省長ニ届出ヅベシ之ヲ解雇シタルトキ亦同ジ

第四條　自動車交通事業者ハ其ノ事業ニ関シ生ジタル保安上ノ重大ナル災害事故ニ付テハ直ニ其ノ顛末ヲ具シ別記第七号様式ニ依リ主タル事業地ヲ管轄スル省長ニ之ヲ届出ヅベシ

第五條　自動車交通事業者ハ左ノ各号ノ一ニ該当スル者ヲ車掌、

ヨ－0022　B列5　28字×10　南満洲鐵道株式會社

No.

助手又ハ旅客ニ接スル係員トシテ其ノ事業ニ從業セシムルコトヲ得ス

(一) 身元不確實ナル者

(二) 十四才未満ノ者

(三) 傳染性疾患ヲ有スル者

(四) 粗暴過激ノ言動アル者

(五) 其ノ他不適當ト認ムル者

第六條　旅客自動車運輸事業ノ用ニ供スル自動車ニハ車内ノ見易キ箇所ニ左ニ掲クル事項ヲ掲示スヘシ

(一) 車輌番号

No.

(二) 乗車定員

(三) 運轉者及車掌ノ氏名又ハ記号

(四) 旅客ノ車内ニ於ケル遵守事項

第七條 旅客自動車運輸事業ノ用ニ供スル自動車ニハ車輛ノ前面上部両側ニ各一箇ノ紫色燈及車外前方ヨリ透視シ得ル箇所ニ電燈ヲ以テ照明シ得ル該員ヲ表示スル該員札ヲ備フベシ

第八條 旅客自動車運送事業ノ用ニ供スル自動車ニハ左ニ掲グル設備ヲ為スベシ

(一) 車内ノ見易キ箇所ニ車輛番号、乗車定員、運轉者及車掌又ハ助手ノ氏名ヲ掲示スルコト

No.

(二)車内ノ見易キ箇所ニ運賃表ヲ掲示シ又ハ電燈ヲ以テ照明シ得ル運賃表示器ヲ備フルコト

(ホ)車外前方ヨリ透視シ得ル箇所ニ事業者ノ商号又ハ徽章及電燈ヲ以テ照明シ得ル空車タルコトヲ表示スル空車札ヲ備フルコト

專ラ觀光旅客又ハ團體旅客ヲ運送スルモノニ在リテハ運賃表、運賃表示器及空車札ヲ備フルコトヲ要セズ

第九條　運賃表示器ハ主タル事業地ヲ管轄スル市長（新京特別市ニ在リテハ警察總監、警察局ヲ置ク市ニ在リテハ警察局長）縣長又ハ旗長ノ檢査ヲ受クルニ非ザレバ之ヲ使用スルコト

南滿洲鐵道株式會社

No.

ヲ得ズ

第十條　第八條第一項第一号ノ規定ハ特定旅客自動車運送業ノ用ニ供スル自動車ニ之ヲ準用ス

第十一條　自動車交通事業ニ従事スル運轉者、車掌又ハ助手ハ左ニ掲グル事項ヲ遵守スヘシ

（一）定員外ノ旅客ヲ乗車セシメ又ハ最大積載量ヲ超過シテ物品ヲ積載セザルコト

（二）旅客自動車運輸事業ノ用ニ供スル自動車ニハ泥酔者又ハ附添人ナキ精神病者ヲ乗車セシメサルコト

（三）乗降口踏段ニ旅客ヲ乗車セシメザルコト

ヨー0022　B列5　28字×10　南満洲鐵道株式會社

No.

(四) 停留場所以外ノ場所ニ於テ旅客ヲ乗降セシメサルコト

(五) 停留場所ニ於テハ停車スルコト但シ満員ノ場合又ハ乗降スル旅客ナキトキハ此ノ限ニ在ラズ

(六) 旅客ノ乗降終了後ニ非サレハ運行セザルコト

(七) 扉ヲ開放シタル儘運行セザルコト

(八) 公衆ニ對シ乗車ヲ勸誘シ又ハ客ヲ得ル目的ヲ以テ濫ニ徘徊セザルコト

(九) 乗客ノ需メナキ場所ニ到リ又ハ故ナク迂路ヲ採ラザルコト

(十) 乗客定員ニ達シタルトキハ満員札ヲ掲示スルコト

No.

(十一)駐車場ニ於テ客待ヲ為ストキ又ハ運行中旅客ノ需メニ應ジ得ルトキハ空車札ヲ掲示スルコト、

(十二)正当ノ事由ナクシテ旅客ノ乗車若ハ物品ノ運送ヲ拒ミ又ハ降車ヲ要求セザルコト

(十三)名義ノ如何ニ拘ラズ所定ノ運賃　料金以外ニ金品ヲ要求シ又ハ其ノ供與ヲ暗示セザルコト

(十四)旅客　通行人其ノ他ノ者ニ對シ侮慢　粗暴ノ言動ヲ為サザルコト

(十五)旅客ヲ運送スル自動車ノ車室ハ常ニ清潔ニ保持スルコト

(十六)燃料ノ殘滓　炭灰　廢油其ノ他ニシテ有害又ハ危険ノ虞

コ－0022　B列5　28字×10　　南滿洲鐵道株式會社

No.

アルモノヲ路ニ抛棄セザルコト

(七) 乗務中ハ雑談ヲ為サザルコト

(八) 旅客ヲ運送スル自動車ニ乗務スルモノハ不潔ノ服装ヲ為サザルコト

第十二條 自動車交通事業者及旅客ニ接スル係員ハ前條第一号乃至第四号及第十二号乃至第十六條ノ事項ヲ遵守スヘシ

第十三條 左ノ各号ノ一ニ該当スル者ハ旅客自動車運輸ノ業ノ用ニ供スル自動車ニ乗車スルコトヲ得ス

(一) 附添人ナキ重病者

(二) 傳染性又ハ同乗者ニ厭忌ノ念ヲ抱カシムベキ疾患アル者

No.

(三) 其ノ他同乘者ニ著シキ迷惑ヲ及ホス虞アル者

第十四條　旅客自動車運輸事業ノ用ニ供スル自動車ニ乘車スル旅客ハ左ニ掲グル事項ヲ遵守スベシ

(一) 運行中乘降セザルコト

(二) 機械裝置ニ觸レザルコト

(三) 運行中運轉者ニ話シ掛ケ乘降口踏段ニ立チ又ハ肢体ヲ車外ニ出サザルコト

(四) 物品ヲ車外ニ投棄セザルコト

(五) 放歌又ハ喧噪セザルコト

(六) 濫ニ痰又ハ唾ヲ吐カザルコト

ヨ－0022　B列5　28字×10　南滿洲鐵道株式會社

No.

(ホ) 臭気ヲ發散シ其ノ他同乘車ノ迷惑ト為ルベキ物件又ハ家畜ヲ持込マザルコト

(ヘ) 其ノ他危險ノ虞アル行為又ハ同乘者ノ迷惑ト為ルベキ行為ヲ為サザルコト

第十五條　旅客自動車運輸事業ニ從事スル車掌又ハ旅客ニ接ススル係員ハ前二條ノ規定ニ違背スル者アルトキハ之ヲ制止シ尚肯ゼザル場合ハ其ノ乘車ヲ拒絶スベシ

第十六條　乘客ニシテ前條ノ規定ニ依リ乘車ヲ拒絶セラレタル者ハ即時又ハ最寄ノ停留場所ニ於テ降車スベシ

第十七條　貨物自動車運送事業者ハ其ノ運送ガ法令ノ規定又ハ

No.

公共ノ秩序若ハ善良ノ風俗ニ反スル場合ハ之ヲ拒ムコトヲ得ズ

第十八條　貨物自動車運送事業者及同事業ニ從事スル運轉者ハ委託ヲ受ケタル運送品ニシテ禁制品其ノ他法令ノ規定ニ反スル物品ヲ收納セル疑アリト認メタルトキハ其内容ニ付説明ヲ求メ又ハ荷送人立會ノ上之ヲ點檢スルコトヲ得

貨物自動車運送事業者及同事業ニ從事スル運轉者ハ前項ノ物品ヲ發見シタルトキハ直ニ最寄警察官署ニ之ヲ屆出ヅベシ

第十九條　前二條ノ規定ハ旅客自動車運輸事業若ハ旅客自動車運送事業ニ附隨シテ物品ヲ運送スル場合又ハ特定貨物自動車

No.

運送業者カ物品ヲ運送スル場合ニ之ヲ準用ス
第二十條　本令中自動車交通事業ニ從事スル運轉者、車掌及旅客ノ遵守規定ニ限リ國有鐵道ノ附屬事業トシテ經營スル自動車交通事業ニ之ヲ適用ス
第二十一條　省長（新京特別市ニ在リテハ新京特別市長又ハ警察總監）ハ自動車交通事業者又ハ同事業ニ從事スル運轉者、車掌、助手若ハ旅客ニ接スル係員ニ對シ車輛ノ設備、運行ノ制限禁止其ノ他必要ナル命令ヲ發シ又ハ處分スルコトヲ得
第二十二條　左ノ各号ノ一ニ該当スル者ハ拘留又ハ科料ニ處ス
一、第二條乃至第四條又ハ第十八條第二項若ハ第十九條ニ依

ヨ－0022　B列5　28字×10　南滿洲鐵道株式會社

No.

リ準用スル第十八條第二項ノ規定ニ依ル届出ヲ怠リタル者

(二) 第六條乃至第八條及第十條ニ依リ準用スル第八條第一項第一号ノ規定ニ依ル設備ヲ怠リタル者

(三) 第五條、第十一條、第十二條又ハ第十七條若ハ第十九條ニ依リ準用スル第十七條ノ規定ニ違反シタル者

(四) 第九條ノ規定ニ依ル検査ヲ受ケザル者

(五) 第十一條、第十二條、第十五條又ハ第十八條第一項若ハ第十九條ニ依リ準用スル第十八條第一項ノ規定ニ依ル自動車交通業者及同業ニ従事スル運轉者、車掌、助手又ハ旅客ニ接スル係員ノ職務ノ執行ヲ妨害シタル者

ヨ—0022　B列5　28字×10　南満洲鐵道株式會社

No.

(六) 第十六條ニ依ル規定ニ違反シタル者

(七) 自動車交通事業ノ用ニ供スル自動車ノ運行ヲ妨害スル虞アル行為ヲ為シタル者

第二十三條 左ノ各号ノ一ニ該当スル者ハ三十日以下ノ拘留又ハ三十圓以下ノ科料ニ処ス

(一) 第十三條又ハ第十四條ニ依ル規定ニ違反シタル者

(二) 第二十二條ノ規定ニ基ク省長ノ命令ニ違反シタル者

第二十四條 前二條ノ罰則ノ適用ニ付テハ康徳五年勅令第二百二十五号行政法規ノ罰則適用ニ関スル件ニ依ル

No.

附則

第二十五條　本令ハ公布ノ日ヨリ之ヲ施行ス但シ第二條ノ規定ニ依ル屆出ノ施行ニ付テハ別ニ之ヲ定ム

第二十六條　本令施行ノ際現ニ自動車交通事業ヲ經營スルモノハ第三條ノ規定ニ依ル事項ヲ本令施行ノ日ヨリ三十日以內ニ屆出ヅベシ

第二十七條　第二條乃至第四條ノ規定ニ依リ省長（警察總監ヲ除ク）ニ提出スル書類ハ各二通ヲ作成シ主タル事業地（主タル事業地ニ以上ノ市縣又ハ旗ニ跨ル場合ハ主タル事務所若ハ營業所）ヲ管轄スル市長（警察局ヲ置ク市ニ在リテハ警察局長）縣長又ハ旗長ヲ經由スベシ

ヨ－0022　B列5　28字×10　南滿洲鐵道株式會社

No.

別記第一号様式

自動車交通事業届書

項目	
事業者ノ本籍住所氏名生年月日	
商号又ハ名称（法人ニ在リテハ其ノ名称　代表者ノ本籍住所氏名生年月日）	
主タル事務所及営業所ノ名称及位置	
事業ノ種別	
特許年月日	
路線又ハ区間若ハ主タル事業区域	
車輌種別及輌数	
運行計画	
運賃、料金	
事業開始予定年月日	

記載上ノ注意事項

一、事業ノ種別ハ左ノ区分ニ依リ記載スルコト

ワ—0022　B列5　28字×10　南満洲鐵道株式會社

No.

(一) 旅客自動車運輸事業（一般ノ需用ニ應ジ路線ヲ定メ定期ニ自動車ヲ使用シテ旅客ヲ運送スル事業）

(二) 旅客自動車運送事業（旅客自動車運輸事業ニ非ズシテ一般ノ需用ニ應ジ自動車ヲ使用シテ旅客ヲ運送スル事業）

(1) 路線旅客自動車運送事業（路線ヲ定メ不定期ニ旅客ノ運送ヲ目的トスル事業）

(2) 團体旅客自動車運送事業（経営区間ヲ定メ團体ノ運送ヲ目的トスル事業）

(3) 普通旅客自動車運送事業（前(1)(2)以外ノ事業）

(三) 特定旅客自動車運送業（旅客自動車運輸事業又ハ旅客自動車運送事業ニ非ズシテ自動車ヲ使用シテ特定ノ旅客ヲ運送スル事業）

(四) 貨物自動車運送事業（一般ノ需用ニ應ジ自動車ヲ使用シテ物品ヲ運送スル事業）

(1) 区間貨物自動車運送事業（事業区間ヲ定メテ物品ヲ運送スル事業）

No.

(四) 区域貨物自動車運送事業（主タル事業区域ヲ定メテ物品ヲ運送スル事業）

(五) 特定貨物自動車運送事業（貨物自動車運送事業ニ非ズシテ自動車ヲ使用シテ特定ノ物品ヲ運送スル事業）

二、路線又ハ区間ハ左ニ依リ記載スルコト

(一) 線路ハ其ノ起点、終点ノ地名、延長、主ナル経過地停留所ノ位置

(二) 区間ハ其ノ両端ノ地名、運行経路、主ナル営業地

三、車輌ノ種別、輌数ハ左ニ依リ記載スルコト

車名、型式、年式、動力ノ種類及旅客定員又ハ最大積載量別車輌数

四、運行計画ハ左ニ依リ記載スルコト

(一) 運転系統及各系統ニ於ケル行程、停留所名並ニ配置常用車輌数

ヨ－0022　B列5　28字×10　南満洲鐵道株式會社

No.

(二) 運行回数及運轉時刻（運行回数頻繁ナルモノニ在リテハ始發終發ノ時刻及運行回数）

(三) 主ナル停留所ニ於ケル發着時刻

五 運賃料金欄ニハ左ノ事項ヲ記載スルコト

均一制ニ在リテハ均一運賃其ノ他ノモノニ在リテハ各区间ノ運賃料金

ヨー0022　B列5　28字×10　南滿洲鐵道株式會社

No.

別記第二号様式

自動車交通事業変更届書

事業者ノ本籍住所氏名生年月日	
商号又ハ名称（法人ニ在リテハ其ノ名称代表者ノ本籍住所氏名生年月日）	
事業種別	
変更ノ事由	
変更事項	
変更シタル事業ノ実施年月日	
変更ニ対スル認可年月日	

コ－0022　B列5　28字×10　南滿洲鐵道株式會社

No.

别記第三号様式

自動車交通事業休止届書

事業者ノ本籍、住所、氏名、生年月日	
商号又ハ名称（法人ニ在リテハ其ノ名称、代表者ノ本籍、住所、氏名、生年月日）	
事業種別	
休止部分	
休止理由	
休止期間	自　年　月　日 至　年　月　日 日間
復活豫定年月日	
休止ニ對スル許可年月日	

ヨー0022　B列5　28字×10　南滿洲鐵道株式會社

NO.

別記第四号様式

自動車交通事業休止復活届書

項目	記載
事業者ノ本籍住所氏名生年月日 商号又ハ名称（法人ニ在リテハ其ノ名称 代表者ノ本籍住所氏名生年月日	
事業種別	
復活部分	
休止期間	自　年　月　日 至　年　月　日　間
復活年月日	

No.

別記第五号様式

自動車交通事業廢止届書

事業者ノ本籍住所氏名生年月日 商号又ハ名称、住所並ニ代表者ノ本籍住所氏名生年月日）（法人ニ在リテハ共名義	
事業種別	
廢止事由	
廢止年月日	
廢止ニ對スル許可年月日	

コ－0022　B列5　28字×10　南満洲鐵道株式會社

No.

别記第六号様式

自動車交通事業ニ従事スル運転者就業/解雇届書

項目	
事業者ノ本籍住所氏名生年月日	
商号又ハ名称（法人ニ在リテハ其ノ名称代表者ノ本籍住所氏名生年月日）	
事業種別	
運転者ノ本籍住所族籍氏名生年月日	
運転免許証交付官署	
免許種別	
免許証番号	
就業又ハ解雇年月日	

No.

別記第七号様式

自動車交通事業ニ関スル事故届書

項目	
事業者ノ本籍住所氏名生年月日 商号又ハ名称（法人ニ在リテハ其ノ名称、代表者ノ本籍住所氏名生年月日）	
事業種別	
日時	
場所	
種別	
関係者	
原因	
状況	
被害程度	
顛末	
其ノ他	

ロ－0022　B列5　28字×10　南満洲鐵道株式會社

No.　タイプライター原稿用紙

保護自動車取扱手續

（昭和一三、鐵総輸車甲第三号）

南満洲鐵道株式會社

ヨ—0024　B列5　32×15　●分割打字ヲ要スル原稿ハ五、六頁乃至一〇頁ニテ區切ルコト

保護自動車取扱手續（昭和一三．鐵總輸車甲第三號）

第一條　鐵道車輛又ハ營業用自動車ニシテ軍用自動車補助法ノ適用ヲ受クルモノ（以下保護自動車ト稱ス）ノ取扱ハ別ニ定アルモノヲ除クノ外本手續ニ依ルベシ

第二條　鉄道總局輸送局車輛課長、營業局自動車課長又ハ建設局工事課長（以下課長ト稱ス）ハ毎年四月當該年度ニ於ケル所管保護自動車ノ車輛番号、保護番号及機関番号ヲ関係ニ通知スベシ

第三條　機関区長、自動車区長又ハ建設事務所車務長（以下区長ト稱ス）ハ所属保護自動車ニ保護標札及機関番号札ヲ取附ケ保護自動車章ヲ表示シ置クベシ

保護標札ハ運轉台正面、機関番号札ハ機関側面ノ見易キ位置ニ取付クベシ

保護自動車章ハ白色円ノ形トシ車輛ノ前面及後面ノ見易キ位置ニ表示スベシ

第四條　保護自動車ノ保護標札及機関番号札ハ他車輛ノモノト取替フル

No.　タイプライター原稿用紙

コトヲ得ズ但シ第十三條ニ依ル場合ハ此ノ限ニ在ラズ

第五條　保護標札ヲ毀損又ハ亡失シタルトキ當該保護自動車所屬区長ハ其ノ事由ヲ遅滞ナク所管鉄道局輸送課長営業課長又ハ建設事務所長（以下鉄道局長ト称ス）経由関係課長ニ報告スベシ

第六條　課長ハ保護自動車ニシテ保護期間経過シタルトキハ之ヲ関係者ニ通知スベシ

区長ハ前項ニ依ル通知ヲ受ケタルトキハ保護標札及保護自動車章ヲ車輛ヨリ取外シ書留ヲ以テ之ヲ鉄道局課長経由関係課長ニ送付スベシ

第七條　保護自動車ニ對シテハ軽微ナル改造ト雖関係課長ノ許可ナクシテ之ヲ施行スルコトヲ得ズ

第八條　区長ハ所属保護自動車ニ對シ別ニ定ムル履歴簿又ハ車歴台帳（以下履歴簿ト称ス）ニ指定事項ヲ記入スルノ外改造意見アルトキハ之ヲ記録シ置クベシ

第九條　課長ハ陸軍大臣ノ指定セル検査官ニ依リ保護自動車ノ維持検査ヲ施行セラルルトキハ豫メ當該保護自動車ノ車輛番号、保護番号、機

南滿洲鐵道株式會社

ヨ－0024　B列5　32×15　●分割行字ヲ要スル原稿ハ一五、六頁乃至一〇頁ニテ區切ルコト　(15. 5. 8,000冊 共和謄写)

No.　タイプライター原稿用紙

関番号、検査豫定日及検査場所ヲ関係者ニ通知スベシ

第十條　保護自動車ノ維持検査ニハ当該保護自動車所属区長之ニ立会スベシ

第十一條　区長ハ維持検査当日左ニ依リ検査ノ準備ヲ為スベシ

一、車輛ハ運轉整備状態トシ指定ノ箇所ニ置クコト

二、附属工具類ハ清掃手入ノ上検査ニ便ナル如ク車輛ノ附近ニ並ベ置クコト

三、履歴簿ハ検査官ノ要求アル場合速ニ提出シ得ル如ク準備スルコト

四、車輛ニ不良箇所アルトキハ必要ニ應ジ其ノ旨検査官ニ説明シ得ル如ク準備シ置クコト

第十二條　区長ニ於テ事故又ハ其ノ他ノ事由ニ依リ引續キ二十日以上保護自動車ヲ使用スルコト不可能ナリト認メタルトキハ其ノ旨鉄道局課長経由関係課長宛ニ電報スベシ。

第十三條　事故其ノ他ノ事由ニ依リ機関ヲ廢却シ新品ト取替フルトキハ課長ハ新機関ニ対スル機関番号ヲ改正シ之ヲ関係者ニ通知スベシ

南満洲鐵道株式會社

ヨー0021　B列5　32×15

No.

治安部佈告第四號

自動車技術証明書及運轉免許証發行ノ件

康德三年一月四日民政部令第二号自動車取締規則第五十二條第一項第五號ノ規定ニ依ル技術証明書及運轉免許証發行者ヲ左ノ通指定ス

康德四年十二月一日

治安部大臣　于芷山

一 獨立第一自動車隊長

一 日本各廳府縣州並長官

一 在留日本國陸軍各隊ノ長

戰車隊

No.

野戦重砲兵第七聯隊及第八聯隊

高射砲隊

飛行隊

気球隊

自動車隊

装甲自動車隊

自動車操縦教育ヲ特ニ実施スル歩兵隊、野戦砲兵隊、工兵隊及輜重兵隊

陸軍歩兵学校

陸軍野戦砲兵学校

陸軍重砲兵学校

No.

下志津陆军飞行学校

陆军自动车学校

陆军习志野学校

ヨ-0022　B列5　28字×10　南满洲铁道株式会社　(13. 9. 10,000册 駄川納)

No.

治安部訓令第六五号

各省長
警察總監　ニ令ス

交通整理規程ノ件

交通整理規程ヲ左ノ通定ム

康徳四年一月十八日

治安部大臣　于芷山

No.

交通整理規定

第一條　道路ノ交叉点ニ於ケル交通整理ハ本令ノ定ムル所ニ依ルベシ

第二條　交通整理ハ交通ノ安全並ニ円滑ヲ図ルヲ以テ其ノ目的トス

第三條　断続式交通整理ニ於ケル信号時間ハ各方面何レモ同一ナルヲ要セズ特ニ指定シタル場合ノ外道路幅員ノ広狭、交通量ノ多寡ニ依リ適宜之ヲ伸縮スベシ

第四條　消防自動車救急自動車警備自動車等接近シ来リタルトキハ各方面ニ「停止」若ハ「注意」信号ヲ示シ一般交通ヲ待避若ハ避譲セシメ其ノ安全迅速ナル通過ヲ図ルベシ

第五條　交通整理信號機ニ依ル信號ハ「停止」又ハ「赤色」「注意」

No.

又ハ「橙黄色」「進行」又ハ「緑色」ノ順序ヲ以テ標示スヘシ
各標示ノ文字又ハ色ハ左ノ意味ヲ有スルモノトス
一、「停止」又ハ「赤色」ハ一般交通ニ対シ停止線（停止線ナキ場所ニ在リテハ道路ノ交叉又其以下之ニ同ジ）外ニ於テ停止スヘキコトヲ示ス
二、「注意」又ハ「橙黄色」ハ停止線外ニ在ル交通ニ対シ直ニ停止スヘキコトヲ示シ既ニ停止線内ニ入リタル交通ニ対シ速ニ進行スヘキコトヲ示ス外警察官吏ノ前後ニ在ル交通ニ対シ進行開始ノ準備ヲ為スコトヲ示ス
三、「進行」又ハ「緑色」ハ一般ノ交通ニ対シ進行スヘキコトヲ示ス
第六條　手ニ依ル信號ハ左ノ各號ニ依ルヘシ

No.

一、一方ノ交通ニ対シ一般的ニ「停止」ノ信號ヲ為ス場合

止メントスル交通ノ一方ニ正面（又ハ背面）シ左手ヲ左方又ハ右手ヲ右方ニ掌ヲ前ニシテ水平ニ挙グ（第一図ノ如シ）

二、「注意」信號ヲ為ス場合

停止中ノ交通ヲ其ノ侭トシ第一號ノ動作ヲ止ムルト同時ニ左方又ハ右方ヨリ来ル交通ノ一方ニ顔ヲ正面シ掌ヲ外ニシテ右手又ハ左手ヲ上方ニ挙グ但シ此ノ場合ハ停止線外ニ在ル交通ノ進行ヲ停止セシメ既ニ停止線内ニ入リタル交通ノ進行ヲ継續セシムベキモノトス（第二図ノ如シ）

三、停止中ノ交通ニ対シ一般的ニ「進行」ノ信号ヲ為ス場合

第二號ノ動作ヲ止ムルト同時ニ停止セシメントスル交通ノ一方ニ正面（又ハ背面）

ヨ-0022　B列5　28字×10　南滿洲鐵道株式會社　（18.9.10,000冊 鮎川製）

No.

シ第一節ノ動作ヲ為スノ外更ニ進行セシメントスル交通ノ一方ニ顔ヲ正面シ右手ヲ右方又ハ左手ヲ左方ニ水平ニ挙ゲ掌ヲ内ニシテ上膊ヲ上方直角ニ曲ゲ之ヲ左右ニ動カス（第三図ノ如シ）

四　前各節ノ外各方向ノ交通中ニ在ル特定ノモノニ対シ特ニ停止又ハ進行ヲ為サシメントスル場合

特ニ停止又ハ進行ヲ為サシメントスル特定ノモノニ対シ顔ヲ正面ニ向ケ注目シ右手又ハ左手ヲ其ノ方向ニ水平ニ伸バシタル上停止セシメントスル場合ハ掌ヲ外ニシ下膊ヲ上方直角ニ曲ゲ進行セシメントスル場合ハ掌ヲ内ニシテ下膊ヲ上方直角ニ曲ゲ之ヲ特定ノモノノ方向ニ動カス（第四図及第五図ノ如シ）

No.

第七條 前二條ノ規定ニ依ル信號（停止、注意、進行）ハ各信號毎ニ約三秒間警笛ヲ鳴ラシツヽ之ヲ為スヘシ

第八條 道路其ノ他交通ノ状況ニ依リ本令ト異ル交通整理ヲ実施スル必要アル場合ハ其ノ方法ヲ具シ稟伺スヘシ但シ一時的ノモノハ此ノ限ニ在ラズ

第九條 第六條第二號ノ規定ニ依ル注意信號ハ交通ノ状況ニ依リ之ヲ省略スルコトヲ得

附　則

本令ハ康徳四年九月一日ヨリ之ヲ実施ス

No.
南滿洲鐵道株式會社

No.

止スベキコトヲ示シ既ニ停止線内ニ入リタル交通ニ対シ速ニ進行スベキコトヲ示ス外警察官吏ノ前後ニ在ル交通（停止中ノ交通）ニ対シ進行開始ノ準備ヲ為スベキコトヲ示ス

三「緑色」又ハ「進行」ノ信号ハ一般ノ交通ニ進行スベキコトヲ示ス

手ニ依ル信号

一　一方ノ交通ニ対シ一般的ニ「停止」ノ信号ヲ為ス場合

警察官吏ハ左手ヲ左方又ハ右手ヲ右方ニ掌ヲ前ニシテ水平ニ挙ゲタルトキハ警察官吏ノ前方及後方ヨリ来ル一般ノ交通ニ対シ停止ヲ示ス（別ノ図ノ如シ）

二　注意信号ヲ為ス場合

No.

誘導官吏ニ於テ第一號ノ動作ヲ止ムルト同時ニ其ノ右方又ハ左方ヨリ来ル交通ノ一方ニ顔ヲ正面シ掌ヲ外ニシテ右手又ハ左手ヲ上方ニ挙ゲタルトキハ進行方向ニ在ル交通（誘導官吏ノ右方又ハ左方ヨリ来ル交通）中停止線外ニ在ル交通ハ此レニ対シ停止ヲ示シ既ニ停止線内ニ入リタル交通ニ対シ速ニ進行スヘキコトヲ示ス并誘導官吏ノ前後ニ在ル交通（停止中ノ交通）ニ対シ進行開始ノ準備ヲ為スヘキコトヲ示ス但シ状況ニ依リ本號ノ動作ハ之ヲ省略スルコトアルヘシ（第二図ノ如シ）

三　停止中ノ交通ニ対シ一般的ニ「進行」ノ信號ヲ為ス場合

誘導官吏ニ於テ第二號ノ動作ヲ止ムルト同時ニ進行方向ニ在ル交通ノ一方ニ正面（又ハ背面）シ第一號ノ動作ヲ為スノ外更ニ停止中ノ交通

No.

ノ一方（警察官吏ノ右方又ハ左方ヨリ来ル交通ノ一方）ニ顔ヲ正面ニシ右手ヲ右方又ハ左手ヲ左方ニ水平ニ挙ゲ掌ヲ内ニシテ上膊ヲ上方直角ニ曲ゲ之ヲ左右ニ動カシタルトキハ警察官吏ノ左右ヨリ来ル交通ハ総テ進行スヘキコトヲ示ス（第三図ノ如シ）

四　前各号ノ外各方向ノ交通中ニ在ル特定ノモノニ対シ特ニ停止又ハ進行ヲ為サシメントスル場合

警察官吏ニ於テ各方面ノ交通中ニ在ル特定ノモノニ対シ顔ヲ正面ニ向ケ注目シ右手又ハ左手ヲ其ノ方向ニ水平ニ伸バシタル上掌ヲ外ニシ下膊ヲ上方直角ニ曲ゲタルトキハ其ノ特定ノモノニ対シ直チニ進行ヲ停止スベキコトヲ示シ又手ヲ特定ノモノニ向ケ水平ニ伸バシタル後掌

No.

ヲ内ニシテ下膊ヲ上膊直角ニ曲ゲ之ヲ特定ノモノ、方向ニ動カシタルトキハ其ノ特定ノモノニ対シ速ニ進行スベキコトヲ示ス（第四図及第五図ノ如シ）

No.

图一示

图二示

图三示

图四示

图五示

朕組織法第四十一條ニ依リ参議府ノ諮詢ヲ経テ運送法ヲ裁可シ茲ニ之ヲ公布セシム

御名御璽

康徳四年六月二十四日　国務総理大臣　張景恵

司法部大臣　張煥相

勅令第百三十三号

運送法

目次

第一章　運送営業

第一節　物品運送

No.

第二節　旅客運送

第二章　運送取扱営業

運送法

第一章　運送営業

第一條　本法ニ於テ運送人トハ陸上又ハ湖川若ハ港灣ニ於ケル物品又ハ旅客ノ運送ヲ引受クルヲ業トスルモノヲ謂フ

第一節　物品運送

第二條　荷送人ハ運送人ノ請求ニ因リ運送状ヲ交付スルコトヲ要ス

第三條　運送状ニハ左ノ事項ヲ記載シ荷送人之ニ署名又ハ記名捺印スベシ

No.

一、運送品ノ種類、重量又ハ容積並ニ其ノ荷造ノ種類、
個数及記号
二、到着地
三、荷受人ノ氏名又ハ商号住所
四、運送状ノ作成地及作成ノ年月日
第四条　荷送人カ運送状ニ不実又ハ不正確ナル記載ヲ為シタルト
キハ之ニ因リテ生シタル損害ヲ賠償スル責ニ任ス
第五条　運送人ハ荷送人ノ請求ニ因リ貨物引換証ヲ交付スル
コトヲ要ス
第六条　貨物引換証ニハ左ノ事項ヲ記載スヘシ

0022　B列5　28字×10　南満洲鉄道株式会社　(13. 9. 5,000冊 [illegible])

一、第三條第一号乃至第二号ニ掲グル事項

二、荷送人ノ氏名又ハ商号住所

三、運送賃

四、貨物引換証ノ作成地及作成ノ年月日

貨物引換証ニハ運送人之ニ署名又ハ記名捺印スルコトヲ要ス

第七條　貨物引換証ハ記名式ナルトキト雖モ裏書ニ依リテ之ヲ譲渡スルコトヲ得但シ貨物引換証ニ裏書ヲ禁スル旨ヲ記載シタルトキハ此ノ限リニ在ラス

第八條　運送人ハ荷送人ノ請求ニ因リ貨物引換証ニ荷受人ノ氏名又ハ商号ト共ニ其ノ証券ノ所持人ニ運送品ノ引渡ヲ為スベキ旨

No.

ヲ記載スルコトヲ要ス

第九條　貨物引換証ヲ発行シタルトキハ運送ニ関スル事項ハ運送人ト所持人トノ間ニ於テハ貨物引換証ノ定ムル所ニ依ル

第十條　貨物引換証ヲ発行シタルトキハ運送品ニ関スル處分ハ貨物引換証ヲ以テスルニ非ザレバ之ヲ為スコトヲ得ズ

第十一條　貨物引換証ニ依リ運送品ヲ受取ルコトヲ得ヘキ者ニ貨物引換証ヲ引渡シタルトキハ其ノ引渡ハ運送品ノ上ニ行使スル権利ノ取得ニ付運送品ノ引渡ト同一ノ効力ヲ有ス

第十二條　貨物引換証ヲ発行シタルトキハ之ト引換ニ非ザレバ運送品ノ引渡ヲ請求スルコトヲ得ズ

第十三條　運送品ノ全部又ハ一部カ不可抗力ニ因リテ滅失シタルトキハ運送人ハ運送賃ノ全部又ハ一部ヲ請求スルコトヲ得ズ若シ運送賃ノ全部又ハ一部ヲ受取リタルトキハ之ヲ返還スルコトヲ要ス

運送品ノ全部又ハ一部カ其ノ性質若ハ瑕疵又ハ荷送人ノ責ニ帰スベキ事由ニ因リテ滅失シタルトキハ運送人ハ運送賃ノ全部ヲ請求スルコトヲ得

第十四條　運送人ハ自己又ハ運送ニ関シ使用シタル者カ運送品ノ受取、引渡、保管及運送ニ関シ注意ヲ怠ラザリシコトヲ証明スルニ非ザレバ運送品ノ滅失、毀損又ハ延着ニ付損害

賠償ノ責ヲ免ルヽコトヲ得ス

第十五條　運送品ノ全部滅失ノ場合ニ於ケル損害賠償ノ額ハ其ノ引渡アルヘカリシ日ニ於ケル到達地ノ價格ニ依リテ之ヲ定ム

運送品ノ一部滅失又ハ毀損ノ場合ニ於ケル損害賠償ノ額ハ其ノ引渡シアリタル日ニ於ケル到達地ノ價格ニ依リテ之ヲ定ム但シ延着ノ場合ニ於テハ前項ノ規定ヲ準用ス

運送品ノ滅失又ハ毀損ノ為メ支払フコトヲ要セザル運送賃其ノ他ノ費用ハ前二項ノ賠償額ヨリ之ヲ控除ス

第十六條　前條ノ規定ハ運送品カ運送人又ハ其ノ運送ニ関シ使用シタル者ノ故意又ハ重大ナル過失ニ因リテ滅失又ハ毀損シタル場合

ニハ之ヲ適用セズ

第十七條　貨幣、有價證券其ノ他ノ高價品ニ付テハ荷送人カ運送ヲ委託スルニ當リ其ノ種類及價額ヲ明告スルニ非ザレバ運送人ハ損害賠償ノ責ニ任セズ

第十八條　數人ノ運送人カ相次テ運送ヲ引受クル場合ニ於テハ各運送人ハ運送品ノ滅失、毀損又ハ延着ニ付連帯シテ損害賠償ノ責ニ任ス

第十九條　前條ノ場合ニ於テ數人ノ運送人ノ内孰レガ損害ヲ生セシメタルカ不明ナルトキハ各運送人ハ其ノ運送賃ノ割合ニ應シテ損害ヲ分擔ス但シ自己又ハ運送ニ關シ使用シタル者カ注意

ヲ怠ラザリシコトヲ証明シタル者ハ此ノ限リニ在ラズ

第二十條　荷送人ハ運送人ニ對シ運送ノ中止、運送品ノ返還其ノ他ノ指図ヲ為スコトヲ得　此ノ場合ニ於テハ運送人ハ既ニ為シタル運送ノ割合ニ應ズル運送賃、附随ノ費用、立替金及其ノ指図ニ因リテ生ジタル費用ノ辨償ヲ請求スルコトヲ得

貨物引換証ノ発行アリタルトキハ前項ニ定ムル指図ハ其ノ所持人ノミ之ヲ為スコトヲ得

第二十一條　運送品ガ到達地ニ達シタル後荷受人ガ其ノ引渡ヲ請求シタルトキハ荷送人ハ前條第一項ニ定ムル権利ヲ行使スルコトヲ得ズ

No.

第二十二條 運送品カ到達地ニ達シタルトキハ荷受人ハ荷送人ト同一ノ權利ヲ取得ス

第二十三條 荷受人カ運送品ヲ受取リタルトキハ運送人ニ對シ運送賃、附隨ノ費用及立替金ヲ支払フ義務ヲ負フ

第二十四條 運送人ノ責任ハ荷受人カ留保ヲ為サスシテ運送品ヲ受取リ且ツ運送賃、附隨ノ費用及立替金ヲ支払ヒタルトキハ消滅ス 但シ運送品ニ直ニ発見スルコト能ハサル毀損又ハ一部滅失アリタル場合ニ於テ荷受人カ受取ノ日ヨリ二週間以内ニ運送人ニ對シ其ノ通知ヲ発シタルトキハ此ノ限ニ在ラス

第二十五條 運送品ノ滅失、毀損又ハ延着ニ因リテ生シタル運送人ノ

No.

対スル損害賠償請求権ノ時効期間ハ二年トス
前項ノ期間ハ運送品ノ全部滅失ノ場合ニ於テハ其ノ引渡アルベカ
リシ日ヨリ、其ノ他ノ場合ニ於テハ荷受人ガ運送品ヲ受取リタル
日ヨリ之ヲ起算ス
第二十六條　前二條ノ規定ハ損害ガ運送人又ハ其ノ運送ニ関シ使
用シタル者ノ故意又ハ重大ナル過失ニ因リテ生ジタル場合ニハ之ヲ
適用セズ
第二十七條　運送人ハ運送賃、附随ノ費用及立替金ニ付其ノ
占有ニ係ル運送品ノ上ニ質権ヲ有ス
第二十八條　運送人ノ質権ガ互ニ競合スル場合ニ於テハ後ニ

ヨー0022　B列5　2字×10　南満洲鉄道株式会社　（13. 9. 5.000冊 ...）

No.

生ジタルモノ前ニ生ジタルモノニ優先ス

第二十九條　運送人ノ質權ト海上運送人又ハ運送取扱人ノ質權ト競合スル場合ニ於テハ後ニ生ジタルモノ前ニ生ジタルモノニ優先ス

第三十條　運送人ノ質權ト他ノ質權ト競合スル場合ニ於テハ法律ニ別段ノ定ナキ限リ運送人ノ質權ハ他ノ質權ニ優先ス

第三十一條　數人ノ運送人アル場合ニ於テハ最終ノ運送人ハ前者ニ代リテ其ノ權利ヲ行使スルコトヲ要ス

前項ノ場合ニ於テ後者ガ前者ニ辨償ヲ為シタルトキハ前者ノ權利ヲ取得ス

No.

前二項ノ規定ハ數人ノ運送人及海上運送人アル場合ニ之ヲ準用ス

第三十二條　荷受人ヲ確知スルコト能ハサルトキハ運送人ハ荷送人ニ對シ相當ノ期間ヲ定メ運送品ノ處分ニ付指図ヲ為スベキ旨ヲ催告シ其ノ期間内ニ荷送人ガ指図ヲ為サヾルトキハ運送品ヲ競賣スルコトヲ得

第三十三條　前條ノ規定ハ荷受人ガ運送品ヲ受取ルコトヲ拒ミ又ハ之ヲ受取ルコト能ハサル場合ニ之ヲ準用ス但シ運送人ハ荷送人ニ對スル催告ニ先チ荷受人ニ對シ相當ノ期間ヲ定メテ運送品ノ受取ヲ催告スルコトヲ要ス

No.

第三十四條　荷送人又荷受人ヲ確知スルコト能ハザルトキハ運送人ハ權利者ニ對シ一定ノ期間内ニ其ノ權利ヲ申出ヅベキ旨ヲ公告シ其ノ期間内ニ權利ヲ申出ヅル者ナキトキハ運送品ヲ競賣スルコトヲ得

前項ノ期間ハ六月ヲ下ルコトヲ得ズ

第三十五條　運送品ガ損敗ノ虞アルモノナルトキハ催告又ハ公告ヲ為サズシテ之ヲ競賣スルコトヲ得

第三十六條　運送品ヲ競賣シタルトキハ運送人ハ遅滞ナク知レタル荷送人及荷受人ニ對シテ其ノ通知ヲ發スルコトヲ要ス

第三十七條　運送品ヲ競賣シタルトキハ運送人ハ其ノ代價ヲ供

託スルコトヲ要ス、但シ其ノ全部又ハ一部ヲ運送賃附随ノ費用
及立替金ノ辨済ニ充当スルコトヲ妨ゲズ

第三十八條 運送人ノ荷送人又ハ荷受人ニ対スル債権ノ時効期
間ハ一年トス

第二節 旅客運送

第三十九條 運送人ハ自己又ハ運送ニ関シ使用シタル者ガ運送ニ
関シ注意ヲ怠ラザリシコトヲ証明スルニ非ザレバ旅客ガ運送ノ
為ニ受ケタル損害ヲ賠償スル責ヲ免ルルコトヲ得ズ

第四十條 運送人ハ旅客ヨリ引渡ヲ受ケタル手荷物ニ付テハ物品
ノ運送人ト同一ノ責任ヲ負フ

No.

第四十一條　運送人ハ旅客ヨリ引渡ヲ受ケザル手荷物ノ滅失又ハ毀損ニ付テハ自己又ハ運送ニ関シ使用シタル者ニ故意又ハ過失アル場合ヲ除クノ外損害賠償ノ責ニ任セズ

第二章　運送取扱営業

第四十二條　本法ニ於テ運送取扱人トハ本法又ハ海商法ノ規定ニ依ル物品運送ノ取次ハ代理又ハ媒介ヲ為スコトヲ引受クルヲ業トスルモノヲ謂フ

第四十三條　運送取扱人ハ自己又ハ運送取扱ニ関シ使用シタル者ガ運送品ノ受取、引渡、保管、運送人若ハ海上運送人又ハ運送取扱人ノ選擇其ノ他運送取扱ニ関シ注意ヲ怠ラ

No.

ザリシコトヲ証明スルニ非ザレバ運送品ノ滅失、毀損又ハ延着ニ付
損害賠償ノ責ヲ免ルルコトヲ得ズ

第四十四條 運送品ガ運送人又ハ海上運送人ニ引渡サレタルトキハ
運送取扱人ハ直ニ其ノ報酬ヲ請求スルコトヲ得

第四十五條 運送取扱人ハ報酬、附随ノ費用及立替金ニ付其ノ占
有ニ係ル運送品ノ上ニ質権ヲ有ス

第四十六條 第二十八條乃至第三十條ノ規定ハ運送取扱人ノ質権
ニ之ヲ準用ス

第四十七條 数人ノ運送取扱人アル場合ニ於テハ最終ノ運送取扱
人ハ前者ニ代リテ其ノ権利ヲ行使スルコトヲ要ス

ヨ—0022 B列5 二十×10 南満洲鐵道株式會社 (13. 9. 5,000冊 ...)

前項ノ場合ニ於テ後者ガ前者ニ辨済ヲ為シタルトキハ前者ノ権利ヲ取得ス

第四十八條　運送取扱人ガ運送人又ハ海上運送人ニ辨済ヲ為シタルトキハ運送人又ハ海上運送人ノ権利ヲ取得ス

第四十九條　運送ノ取次ヲ引受ケタル運送取扱人ハ自ラ運送ヲ為スコトヲ得、此ノ場合ニ於テハ運送取扱人ハ運送人又ハ海上運送人ト同一ノ権務ヲ有ス

前項ノ場合ニ於テモ運送取扱人ハ報酬ノ請求ヲナスコトヲ得

第五十條　運送取次契約ヲ以テ運送ニ関スル費用ノ額ヲ定メタルトキハ運送取扱人ハ自ラ運送ヲ為スモノト看做ス

No.

前項ノ場合ニ於テハ運送取扱人ハ特約アルニ非サレバ報酬ノ請求ヲ為スコトヲ得ズ

第五十一條　運送取扱人ノ委託者ニ對スル債權ノ時效期間ハ二年トス

第五十二條　第十七條第二十五條及第二十六條ノ規定ハ運送取扱営業ニ之ヲ準用ス

附則

第五十三條　本法施行ノ期日ハ勅令ヲ以テ之ヲ定ム

第五十四條　本法ノ規定ハ本法施行ノ日ヨリ其ノ施行前ニ生ジタル事項ニモ亦之ヲ適用ス但シ從前ノ規定ニ依リテ生ジタル效力ヲ

No. 2

妨ケズ

第五十五條　本法施行前既ニ進行ヲ始メタル時效期間及本法施行前ニ発行セラレタル貨物引換証ニ付テハ仍従前ノ規定ニ依ル

第五十六條　湖川又ハ港灣ト海上トノ境界ハ交通部大臣之ヲ定ム

第五十七條　第三十四條ニ規定スル公告ノ方法ハ司法部大臣之ヲ定ム

No.

自動車運輸事業法発布ニ就テ

康徳四年三月十一日公報

今回勅令二十七号ヲ以テ自動車運輸事業法ガ制定公布サレタガ申ス迄モナク自動車運輸事業の普及発達を企図スルコトハ統治上は勿論治安上、文化の向上、産業の開発等社会生活上極メテ重要ナルコトデアル

今ヤ建国ノ創業時代ヨリ一階梯ヲ進ミ将ニ第二期産業助長期に進向セントシ其ノ施政ハ着ニ進メラレ国内交通行政ニ就テモ積極的整備充実期ニ向ハントスルノデアル満洲ニ於ケル自動車業ノ趨勢ハ国道開設、路修又ハ治安ノ粛正ト相俟ツテ隔世的発展ヲ遂ゲツツアリ就中公共交通機関トシテ一定ノ路線ヲ定メテ定期ノ自動車ヲ運行シテ旅客又ハ物品ヲ輸送スル所謂「バス」「トラック」事業は都市、郊外ヲ分タズ運行シテ其利用ハ加速度的ニ普及シ運輸機関トシテ重大ナル役割ヲ

ヨ—0022　B列5　28字×10　南満洲鐵道株式會社

No.

夏ニ更ニ進ンデハ治安工作ノ為メ一線ニ活躍シ又ハ軍事上重大ナル使命ヲ遂行シツツアリテ今ヤ全ク鉄道ト比肩スベキ存在トナルニ至ツタノデアル、建国以来既往五箇年間ニ於ケル其ノ営業路線ノ亘長粁程ハ九千余粁（康徳三年十二月末現在国営路線四、七九七粁、民営四、二二五粁）ニ達シ現在官私鉄道ノ総延長九千百三十九粁（康徳三年末現在国有鉄道七、七三九粁私設鉄道二六七粁特殊線一、一二九粁）ト略匹敵スル状勢ニアル而シテ尚其現在其ノ経営ヲ出願シアルモノハ相当多数ニ及ビ今後益々増加ノ趨勢ニアルノデアル

斯ル事業ハ民国七年中華民国政府ガ公布セル長途汽車条令、長途汽車営業規則及長途汽車公司執照発給規則ニ基キ民国十七年前後東三省ニ於テ制定シタル建設庁管理長途汽車営業暫行章程等複雑

多岐ニ渉ル法規ヲ採用シテ来タガ、此等ノ法規ハ殆ンド事業者ノ受忍義務ト手続事項ヲ規定シテ居ルニ過ギズ事業ノ助長、発達若クハ指導、監督取締ニ関シテハ聊カモ考慮スル所ナク且其ノ処分ハ各省区々ニ分レ居レル為国内全般ニ亘ル事業ノ統制上乃至ハ助長指導上阻障尠カラズ要するに旧法令ハ斯業ノ発達著シキ近代的事業ノ準拠法則トシテ甚ダ不適当デアルノデ本部ハ夙ニ之ガ調査研究ヲ重ネ来リ事業ノ健実ナル発達ヲ図ルト共ニ斯業相互間並ニ他ノ交通機関トノ脈絡系統ヲ調整シ之等各運輸機関ト無謀ナル競争ヲ排シ適正ナル統制ヲ加ヘ以テ交通政策ノ完璧ヲ期する趣旨ノ下ニ茲ニ本法ヲ制定公布ヲ見タノデアル

本法ハ(一)定路線タルモノ(二)定期運行ヲ為スモノ(三)一般交通ノ用ニ

No.

供スルモノニ限ルノデアッテ此等ノ三要素ヲ具有スルモノハ獨リ旅客自動車ニ限ラズ貨物自動車ニ就テモ適用スルノデ現状ノ如キハ乘合自動車ヲ業、定期遊覧自動車ヲ業、定期貨物自動車ヲ業ニ適用サレル訳デアル
従ッテ「タクシー」、「ハイヤー」、貸切トラック、百貨店ノ配達無償バス、通学バス、団体等属員ノ運送ヲ業ニハ本法ノ適用ハナイガ此等ノ運送営業ニ就テハ別ニ本法ノ附属法令トシテ部令ヲ以テ其ノ準據法則ヲ制定スルコトニシテ居ル而シテ自動車ニ依ル運送ヲ業ト雖モ其ノ運送行為ニ関シテハ原則トシテ民商法ニ従ヒ又交通保安ニ関シテハ警察取締規則ニ依ルコトハ勿論デアル
次ニ本法ノ体容ハ大体日本ノ自動車交通事業法ニ則リ満洲特殊ノ国情

ヨ－0022　B列5　25字×10　南満洲鐵道株式會社

No.

ヲ加味シテ制定シタノデアルガ其ノ主要点ヲ挙グレバ

一、自動車運輸事業ノ定義ヲ明カニシタコト

二、自動車運輸事業ノ性質上公共事業ノ範疇ニ移シ之ヲ交通部大臣ノ特許事業トナシタルコト

三、右事業特許ノ際ハ十年以内ノ有效期間ヲ附スルコト

四、事業者カ事業用車輛運行ノ目的ヲ以テ自己ノ負担ニ於テ専用自動車道ヲ築造セントスル場合ハ其ノ専用自動車道ノ開設ヲ認ムルコト

五、事業ノ譲渡、会社ノ合併、事業ノ委託経営又ハ事業者同士ノ共同経営ヲモ認メルコト

六、事業者カ重要ナル物件ヲ担保ニ供セントスル場合又ハ社債ヲ募集セ

ヨ—0022　B列5　28字×10　南満洲鐵道株式會社

No.

ントスル場合ハ交通部大臣ノ認可ヲ要スルコト

七、事業者カ他ニ事業ヲ兼営スル場合ハ交通部大臣ノ認可ヲ要スルコト

八、本事業カ公共的事業テアル関係上事業ノ休止又ハ廃止或ハ会社解散ノ決議ニ付テハ交通部大臣ノ許可或ハ認可ヲ受クルコト

九、交通部大臣ハ事業ノ基準、運輸及会計ニ関シ必要ナル規定ヲ設ケ得ルコト

十、交通部大臣ハ事業者ニ対シ事業経営上ノ改善命令ヲ発シ或ハ事業経営特許ノ取消又ハ事業ノ全部若ハ一部ノ停止処分ヲ為シ得ルコト

十一、交通部大臣ハ省長其ノ他ノ官吏ニ対シ職権ノ委任ヲ認メルコト

十二、国営ノ自動車運輸事業ニ付テハ種々ノ除外例ヲ設クルコト

十三、国ニ於テ既設事業（民営）ト競争トナル自動車運輸事業ヲ開設ニ当

ル場合ノ補償ニ関スル制度ヲ設クルコト
五、各種ノ法令又ハ命令違反ニ対スル罰則ヲ設ケタルコト
最後ニ本法ノ施行期日ハ勅令ヲ以テ定メルコトニナッテイル。而シテ本法施行ニ伴ヒ数多ノ規則ヲ必要トスルノデ本法ノ施行時期迄ニハ夫々発布スルコトニナッテ居ル。次ニ本法施行前為シタル特許、許可又ハ認可等ノ処分ニシテ本法ニ抵触シナイモノハ本法ニ依リ之ヲ為シタルモノト看做スガ特許ノ有効期間ニ限リ従テ既特許ノ時ヨリ起算シ五箇年間ト定メタノデアル

康德四年三月十一日
勅令第二七号
自動車運輸事業法
其他法例

治安部令第四二号
自動車交通事業取締規則

改訂
康德八年九月一日
勅令二二〇号
自動車交通事業法

南滿洲鐵道株式會社

（月曜日）　第一万二千七百四十五号　（一）

自動車交通事業法 公布

バス、ハイヤー、トラックに適用

[illegible]

自動車交通事業法

[illegible]

自動車運輸事業法

（康德四年三月十一日 勅令第三七號）

第一條 本法ニ於テ自動車運輸事業トハ一般交通ノ用ニ供スル爲路線ヲ定メ定期ニ自動車ヲ運行セテ旅客又ハ物品ヲ運送スル事業ヲ謂フ本法ニ於テ專用自動車道トハ自動車運輸事業者ガ其ノ事業用自動車ノ專用ニ供スル通路ヲ謂フ

第二條 自動車運輸事業ノ路線ハ一般ノ道路一般自動車道專用自動車道又ハ一般通行ノ用ニ供スル通路ニ依ルベシ

第三條 自動車運輸事業ヲ經營セムトスル者ハ交通部大臣ノ定ムルトコロニ依リ運賃其ノ他ニ關スル事業計畫ヲ定メ交通部大臣ノ特許ヲ受クベシ

交通部大臣前項ノ特許ヲ爲サムトスルトキハ保安道路使用ニ付民政部大臣又ハ蒙政部大臣ニ協議スベシ

第四條 交通部大臣ハ自動車運輸事業ニ付路線ニ應ジテ使用スベキ自動車ノ輛數其ノ他事業ノ基準ヲ定ムルコトヲ得

No.　タイプライター原稿用紙

第五條　自動車運輸事業ノ特許ノ有効期間ハ専用自動車道ヲ開設シテ自動車運輸事業ヲ經營スル場合ヲ除キ十年以内トシ交通部大臣之ヲ指定ス

第六條　自動車運輸事業者特許ノ有効期間満了後仍引續キ其ノ事業ヲ經営セムトスルトキハ期間更新ノ特許ヲ申請スヘシ

前項ノ申請アリタルトキハ交通部大臣ハ特別ノ事由ナキ限期間更新ノ特許ヲ為スヘシ

第七條　自動車運輸事業經營ノ特許ヲ受ケタル者ハ交通部大臣ノ指定スル期間内ニ運轉開始ノ認可ヲ申請スヘシ

専用自動車道ヲ開設シテ自動車運輸事業ヲ經営スル場合ニ在リテハ工事方法ヲ定メ前項ノ認可申請前交通部大臣ノ指定スル期間内ニ工事施行ノ認可ヲ申請スヘシ

前項ノ規定ニ依リ認可ヲ受ケタルトキハ交通部大臣ノ指定スル期間内ニ専用自動車道ノ工事ニ着手シ之ヲ竣功セシムヘシ

天災其ノ他已ムヲ得サル事由ニ依リ第一項及第二項ノ期間内ニ認可

南満洲鐵道株式會社

ヨー0024　B列5　32×15　●分割打字ヲ要スル原稿ハ五、六頁乃至一〇頁ニテ區切ルコト　(15. 5. 8,000冊)

タイプライター原稿用紙

ヲ申請スルコト能ハザルトキ又ハ第三項ノ期間内ニ工事ニ着手シ若ハ之ヲ竣功セシムルコト能ハザルトキハ申請ニ因リ交通部大臣ハ其ノ期間ヲ伸長スルコトヲ得

第八條　自動車運輸事業者事業計畫又ハ專用自動車道ノ工事方法ヲ變更セムトスルトキハ交通部大臣ノ認可ヲ受クベシ

第九條　專用自動車道ノ開設ノ為必要ヲ生ジタル道路、河川、運河及溝渠ノ占用竝工事ノ施設ニ付テハ主管官署ノ許可ヲ受クベシ

第十條　專用自動車道ニ關スル工事ノ為必要アルトキハ自動車運輸事業者ハ特別市長、市長、市政管理處長、縣長又ハ旗長ノ許可ヲ受ケ沿道ノ土地ニ立入リ又ハ其ノ土地ヲ使用スルコトヲ得

前項ノ規定ニ依ル立入又ハ使用ヲ為サムトスルトキハ已ムヲ得ザル事由アル場合ヲ除クノ外豫メ土地ノ占有者ニ其ノ通知ヲ為スコトヲ要ス

第一項ノ規定ニ依ル立入又ハ使用ニ因リテ生ジタル損害ニ對シテハ立入又ハ使用ノ後遲滯ナク事業者ニ於テ之ヲ補償スベシ

南滿洲鐵道株式會社

ヨ—0024　B列5　32×15　●分割打字ヲ要スル原稿ハ五、六頁乃至一〇頁ニテ區切ルコト

No.　　タイプライター原稿用紙

前項ノ補償ニ付協議調ハサルトキハ第一項ニ規定スル官署ノ長之ヲ裁定ス

第十一條　政府又ハ政府ノ許可ヲ受ケタル者カ専用自動車道ニ接續シ若ハ接近シ又ハ之ヲ横断シテ一般ノ道路、一般自動車道、専用自動車道、橋梁、河川、運河、溝渠、鐵道等ヲ造設セムトスルトキハ自動車運輸業者ハ之ヲ拒ムコトヲ得ス

前項ノ場合ニ於テ公益上必要アリト認ムルトキハ交通部大臣ハ自動車運輸事業者ニ對シ設備ノ共用又ハ變更ヲ命スルコトヲ得

前二項ノ場合ニ於テ自動車運輸事業者ノ受ケタル損害ハ政府又ハ政府ノ許可ヲ受ケタル者ニ於テ之ヲ補償スヘシ

第一項又ハ第二項ノ場合ニ於テ其ノ實施方法又ハ費用ノ負擔ニ付協議調ハサルトキハ申請ニ因リ交通部大臣之ヲ裁定ス自動車運輸事業者ノ受ケタル損害ノ補償ニ付亦同シ

第十二條　自動車運輸事業ノ譲渡ハ交通部大臣ノ許可ヲ受クルニ非サレバ其ノ效力ヲ生セス

南満洲鐵道株式會社

ヨー0024　B列5　32×15　●分割打字ヲ要スル原稿ハ五、六頁乃至一〇頁ニテ區切ルコト

No.　タイプライター原稿用紙

会社ノ合併ニ因ル自動車運輸事業ノ承継ニ付テハ合併前交通部大臣ノ許可ヲ受クヘシ

第十三條　自動車運輸事業者ハ交通部大臣ノ許可ヲ受ケタル場合ニ限リ事業ノ経営ヲ他ノ自動車運輸事業者ニ委託スルコトヲ得

経営ノ委託ヲ受ケタル者ハ交通部大臣ニ対シ委託者ト共ニ其ノ責ニ任ス

第十四條　自動車運輸事業ノ共同経営ヲ為サムトスルトキハ交通部大臣ノ認可ヲ受クヘシ

第十五條　自動車運輸事業者ハ交通部大臣ノ認可ヲ受ケタルニ非ザレバ其ノ事業ノ用ニ供スル不動産又ハ重要ナル動産ヲ擔保ニ供スルコトヲ得ス

第十六條　自動車運輸事業ヲ営ム会社ハ交通部大臣ノ認可ヲ受クルニ非ザレバ社債ヲ募集スルコトヲ得ズ

社債ノ額ハ借入金ノ額ト併セテ払込済株金額ヲ超ユルコトヲ得ズ

但シ旧債償還ノ為ニスル場合ニ於テハ旧債務ノ額ハ之ヲ算入セズ

南満洲鐵道株式會社

ヨ－0024　B列5　32×15　●分割打字ヲ要スル原稿ハ五、六頁乃至一〇頁ニテ區切ルコト　(15. 5. 8,000部)

No.　タイプライター原稿用紙

第十七條　自動車運輸事業ヲ営ム会社ハ交通大臣ノ認可書ヲ受ケタル場合ニ限リ其ノ事業ヲ営ムコトヲ得

第十八條　自動車運輸事業者ハ交通部大臣ノ許可ヲ受クルニ非サレハ其ノ事業ノ全部若ハ一部ヲ休止シ又ハ廢止スルコトヲ得ス

自動車運輸事業ヲ営ム会社ノ解散ノ決議又ハ總社員ノ同意ハ交通部大臣ノ認可ヲ受クルニ非サレハ其ノ效力ヲ生ゼズ

自動車運輸事業者死亡シタルトキハ相續人ハ其ノ事業ヲ承継ス

第十九條　自動車運輸事業ノ運輸、設備及会計ニ関スル規定ハ交通部大臣之ヲ定ム

交通部大臣ハ自動車運輸事業ノ運賃又ハ料金ノ割引ニ関スル規定ヲ定ムルコトヲ得

第二十條　交通部大臣ハ公益上必要アリト認ムルトキハ自動車運輸事業者ニ對シ左ニ掲クル事項ヲ命スルコトヲ得

一、運賃其ノ他ニ関スル事業計畫又ハ事用自動車道ノ工事方法ヲ変更セシムルコト

南滿洲鐵道株式會社

ヨ―0024　B列5　32×15　●分割打字ヲ要スル原稿ハ五、六頁乃至一〇頁ニテ區切ルコト　(15. 5. 8,000冊)

No.　タイプライター原稿用紙

二　路線ヲ延長又ハ変更セシムルコト

三　他ノ運送事業者ト連絡運輸ヲ為サシムルコト

四　全部又ハ一部ノ路線ヲ共通ニスル二以上ノ自動車運輸事業者アル場合共同経営又ハ会社ノ合併ヲ為サシムルコト

五　旅客又ハ物品ノ運送ニ関スル損害ニ付保険ニ附セシムルコト

六　前各号ノ外事業ノ改善ヲ為サシムルコト

前項第三号及第四号ノ場合ニ於テ其ノ実施方法又ハ各事業者ノ収得シ若ハ負擔スヘキ金額ニ付協議調ハサルトキハ申請ニ因リ交通部大臣之ヲ裁定ス

第二十一條

前項ノ特許　許可又ハ認可ニハ條件ヲ附スルコトヲ得

前項ノ條件ハ公益上必要アルトキハ之ヲ変更スルコトヲ得

自動車運輸事業者第一項ニ依リ附セラレタル條件ニ従ヒ他ノ運輸事業者ヨリ事業ノ譲渡、共同経営又ハ会社ノ合併ヲ求メラレ之ニ應セサル場合ニ於テ其ノ譲渡條件、実施方法又ハ各事業者ノ収得シ若ハ負擔スヘキ金額ニ付協議調ハサルトキハ申請ニ因リ交通部大臣之ヲ裁定

南滿洲鐵道株式會社

ヨ—0024　B列5　32×15　●分割打字ヲ要スル原稿ハ五、六頁乃至一〇頁ニテ區切ルコト　(15. 5. 8,000冊)

No.　タイプライター原稿用紙

ス

第二十二條　左ノ各号ノ一ニ該当スル場合ニ於テハ交通部大臣ハ自動車運輸事業経営ノ特許ノ全部若ハ一部ヲ取消シ又ハ事業ノ全部若ハ一部ノ停止ヲ命スルコトヲ得

一　法令若ハ法令ニ基キテ為ス命令ニ違反シ又ハ特許　許可若ハ認可ニ附シタル條件ニ違反シタルトキ

二　交通部大臣ノ指定スル期間内ニ専用自動車道ノ工事ヲ竣功セサルトキ

三　事業ノ經營不確実又ハ資産状態ノ著シキ不良其ノ他ノ理由ニ因リ事業ヲ継續スルニ適セスト認メタルトキ

四　公益ヲ害スル行為ヲ為シタルトキ

五　道路、一般自動車道、専用自動車道又ハ通路ノ状況カ自動車ノ運行ニ適セサルニ至リタルトキ

第二十三條　左ノ各号ノ一ニ該当スル場合ニ於テハ自動車運輸事業経営ノ特許ハ其ノ効力ヲ失フ

南滿洲鐵道株式會社

ヨ－0024　B列5　32×15　●分割打字ヲ要スル原稿ハ五、六頁乃至一〇頁ニテ區切ルコト　(16, 5, 8,000部 [illegible])

No.　　タイプライター原稿用紙

一、運輸開始ノ認可申請期間内ニ認可ヲ申請セサルトキ
二、運輸開始ノ認可ナキトキ
三、事業経営ノ特許ヲ受ケタル者会社ノ発起人又ハ無限責任社員タルヘキ者ナルトキハ運輸開始ノ認可申請期間内（路線ノ全部若ハ一部ニ付専用自動車道ヲ開設スル場合ニ在リテハ工事施行ノ認可申請期間内）ニ会社設立ノ登記ヲ為サザルトキ
四、専用自動車道ニ付工事施行ノ認可申請期間内ニ認可ヲ申請セサルトキ
五、専用自動車道ニ付工事施行ノ認可ナキトキ
六、専用自動車道ニ付工事着手ノ期間内ニ工事ニ着手セサルトキ
七、事業廃止ノ許可ヲ受ケタルトキ
八、事業ヲ営ム会社解散シタルトキ
第二十四条　交通部大臣監督上必要アルトキハ自動車運輸事業者ヲシテ事業上ノ報告ヲ為サシメ若ハ帳簿其ノ他ノ書類ヲ提出セシメ又ハ所部ノ官吏ヲシテ事業ノ状況並会計及財産ノ実況ヲ検査セシムルコトヲ

得

第二十五條　交通部大臣ハ命令ノ定ムルトコロニ依リ本法ニ規定スル職權ノ一部ヲ省長、特別市長、警察總監及哈爾浜警察廳長ニ委任スルコトヲ得

第二十六條　國ニ於テ經營スル自動車運輸業ニ付テハ第一條、第二條、第四條及第十九條（会計ニ関スル規定ヲ除ク）ノ規定ニ限本法ヲ適用ス。

國ニ於テ自動車運輸事業ヲ經營セムトスルトキハ当該官廳ハ運賃其ノ他ニ関スル事業計畫ヲ定メ交通部大臣ニ協議スヘシ

國ニ於テ自動車運輸事業ヲ經營シタル爲ニ路線ヲ共通ニスル自動車運輸事業者ガ其ノ区間ニ付事業ヲ継續スルコト能ハサルニ因リ其ノ事業ヲ廢止シタルトキ又ハ著シク收益ヲ減少スルニ至リタルトキハ政府ハ勅令ノ定ムルトコロニ依リ其ノ事業者ノ受ケタル損失ヲ補償スルコトヲ得残存路線ノミニ付事業ヲ継續スルコト能ハザルニ至リタルトキ亦同シ

No.　タイプライター原稿用紙

第二十七條　自動車運輸事業以外ノ自動車ニ依ル運送事業ニ關スル規定ハ交通部大臣之ヲ定ム

第二十八條　特許ヲ受ケスシテ自動車運輸事業ヲ經營シタル者ハ千圓以上ノ罰金ニ處ス

第二十九條　許可ヲ受ケスシテ自動車運輸事業ノ經營ヲ他人ニ委託シタル者ハ五百圓以下ノ罰金ニ處ス委託ヲ受ケタル者亦同シ

第三十條　自動車運輸事業者左ノ各号ノ一ニ該當スルトキハ三百圓以下ノ罰金ニ處ス

一　本法又ハ本法ニ基キテ發スル命令ニ依リ許可又ハ認可ヲ受ケテ爲スヘキ事項ヲ之ヲ受ケスシテ爲シタルトキ

二　本法ニ基キテ爲ス命令又ハ特許許可若ハ認可ニ附シタル條件ニ違反シタルトキ

三　本法又ハ本法ニ基キテ發スル命令ニ依リテ爲スヘキ屆出報告其ノ他書類圖面ノ提出若ハ調製ヲ怠リ又ハ虛僞ノ屆出報告若ハ記載ヲ爲シタルトキ

南滿洲鐵道株式會社

ヨ—0024　B列5　32×15　●分割打字ヲ要スル原稿ハ五、六頁乃至一〇頁ニテ區切ルコト　(15. 5. 5,000冊 [illegible])

四、第三十四條ノ規定ニ依ル検査ヲ阻碍シタルトキ

第三十一條　自動車運輸事業者ノ使用人其ノ他ノ從業員其ノ業務ニ関シ本法ノ罰則ニ觸ルル行為ヲ為シタルトキハ該行為者ヲ罰スルノ外其ノ本人ヲモ處罰ス但シ其ノ本人禁治産者又ハ営業ニ關シ成年者ト同一ノ能力ヲ有セザル未成年者ナルトキハ其ノ法定代理人ヲ處罰ス

第三十二條　法人ノ使用人其ノ他ノ從事員該法人ノ業務ニ関シ本法ノ罰則ニ觸ルル行為ヲ為シタルトキハ該行為者ヲ罰スルノ外役員又ハ業務ヲ執行スル社員ヲモ處罰ス

法人ノ役員又ハ業務ヲ執行スル社員前項ノ行為ヲ為シタルトキハ其ノ役員又ハ社員ヲ處罰ス

第三十三條　第三十一條及前條第一項ノ場合ニ於テ處罰ヲ受クベキ本人若ハ法定代理人、役員又ハ社員ガ當該違反行為ヲ防止スル途ナカリシコトヲ證明シタルトキハ之ヲ罰セズ

第三十四條　第二十八條乃至第三十條ノ規定ハ公共團体ガ自動車運輸事業ヲ営ム場合ニハ之ヲ適用セズ

附則

本法施行ノ期日ハ勅令ヲ以テ之ヲ定ム

本法施行前為シタル特許、許可又ハ認可其ノ他ノ處分ニシテ本法中之ニ相當スル規定アルトキハ本法ニ依リテ之ヲ為シタルモノト看做ス但シ其ノ特許、許可又ハ認可其ノ他ノ處分ニ附シタル條件ニシテ本法ニ抵觸スルモノハ其ノ効力ヲ失フ

前項ノ規定ニ依ル特許ノ有効期間ハ本法施行前為シタル特許ノ時ヨリ五年トス

No.

民政部訓令第四七二号
交通部訓令第三八四号

各首長

新京、哈爾濱特別市長
首都警察総監
哈爾濱警察庁長
ニ令ス

國産自動車購入使用方ニ関スル件

首題ノ件ニ関シテハ既ニ再三之ガ趣旨徹底方ニ関シ通牒ヲ発シ置キタルニ地方縣旗公署及市公署関係ニ於テハ未ダ其趣旨不徹底ノ向有之ニ付康徳三年七月三日附実業部総務司公函ガ

ヨ—0022　B列5　28字×10　南満洲鐵道株式會社　（13.9.5,000冊 [illegible]）

四〇九号（別紙参照）ニ依リ之ヲ配慮方通知有之タルニ付爾今原則トシテ国産車ヲ購入使用セシメラレ度
尚若シ已ムヲ得ザル特別ノ事由ニ因リ外国車ヲ購入使用セントスル場合ハ予メ当該官署ヲシテ省公署ヲ通ジ主管部大臣（実業部大臣及民政部大臣又ハ蒙政部大臣）ノ認可ヲ受ケシメラレ度
此旨各所属管下ニ移牒相成度

康徳三年八月二十八日

民政部大臣　呂栄寰

蒙政部大臣　齊默特色木丕勒

（実業部総務司公函第四〇九号ハ登載ヲ略ス）

南満洲鉄道株式会社

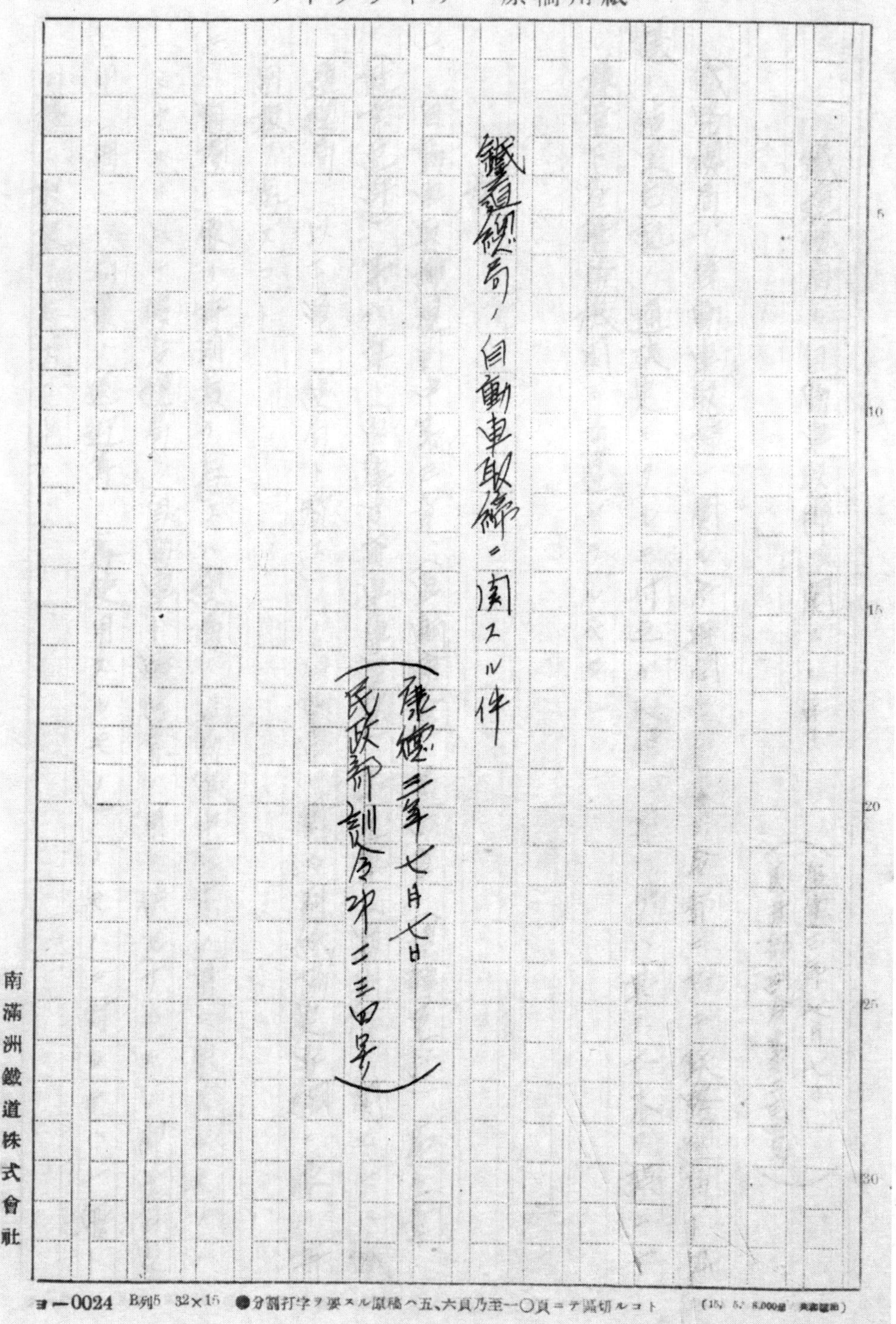
No.　タイプライター原稿用紙

鐵道總局ノ自動車取締ニ關スル件

（康德三年七月七日
民政部訓令第二三四号）

南滿洲鐵道株式會社

ヨ—0024　B列5　32×15　●分割打字ヲ要スル原稿ハ五、六頁乃至一〇頁ニテ區切ルコト

鐵道總局ノ自動車取締ニ關スル件

（康德三年七月七日
民政部訓令第二三四号）

鐵路總局ノ自動車取締ニ關シ今般關東軍司令部ニ於テ鐵路總局ト協議ノ結果左記ノ通決定ミタルニ付之ガ取締ニ當リテハ其ノ本末ヲ誤ラザル樣管下各警務機關ニ通達セラルベシ

記

一、自動車取締規則中第三章（車輛検査）第四章（運轉免許）第五章（營業免許）第六章（車庫及貸車庫營業）第九章（罰則）ニ關シテハ鐵道總局（以下單ニ總局ト称ス）ノ自動車ニ對シ別紙協定要綱ニ依リ特別扱ヲ為スコト

二、前項ニ依リ特別扱ヲ為スハ總局ノ自動車中營業ノ用ニ供スルモノノミナルヲ以テ假令總局ノ自動車ト雖營業ノ用ニ供セザルモノ即チ自家用（例ヘバ局員ノ送迎等ノ為使用スルモノ）ノモノニ対シテハ一般ト同樣ノ取扱ヲ為スコト

No.　タイプライター原稿用紙

三、總局ノ自動車ニシテ軍用（日満共）ニ供セラレツツアルモノニ對シテハ如何ナル場合ト雖取締規則ヲ適用セザルコト

四、前項ノ軍用自動車ニハ別紙第一號様式ノ標識ヲ車輛ノ前頭ニ附スル筈ニ付該標識ノナキモノニ對シテハ一應軍用自動車ニ非ザルモノトシテノ取扱ヲ為スコト

五、總局ノ営業用自動車ニ對スル取締規則ノ適用ニ関シテハ現地警務機関（省公署警務廳）ト總局ト協議ノ上康德三年八月一日ヨリ実施スルコト

六、總局ノ運轉者中本年八月一日現在ニ於テ尚免許證ノ書換ヲ受ケザル者アルトキハ同月中ニ限無條件ニテ書換ヲ為スコト

七、總局ノ運轉者中無免許ノ者約ニ三十名アリ之等ニ對シテハ本年八月一日ヨリ三月内ノ期間ヲ限逐次試験（一般ト同様ノ手續及試験ヲ行フコト）ヲ受ケシメ其ノ間ノ運轉ヲ認ムルコト但シ期間経過後ハ絶對ニ無免許運轉ヲ認メザルコト。

八、總局ハ運轉者中本年八月一日現在ニ於テ就業免許ナクシテ就業シツ

南滿洲鐵道株式會社

ヨー0024　B列5　32×15　●分割打字ヲ要スル原稿ハ五、六頁乃至一〇頁ニテ區切ルコト　(15. 5. 8,000冊 ……)

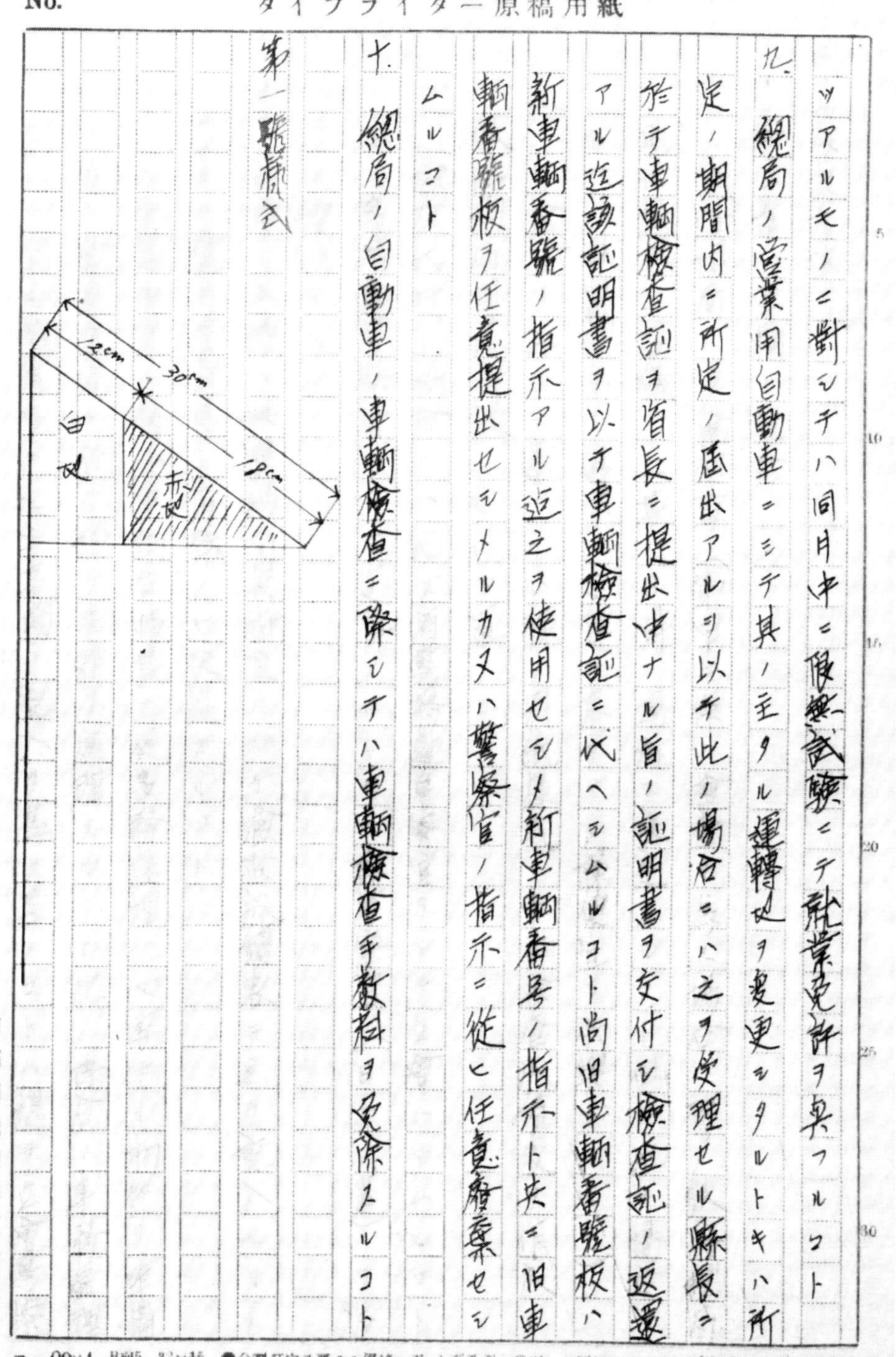

No.　タイプライター原稿用紙

ツアルモノニ對シテハ同月中ニ限無試験ニテ營業免許ヲ與フルコト

九、總局ノ營業用自動車ニシテ其ノ主タル運轉地ヲ變更シタルトキハ所定ノ期間内ニ所定ノ屆出アルヲ以テ此ノ場合ニハ之ヲ受理セル縣長ニ於テ車輛檢查證ヲ省長ニ提出中ナル旨ノ證明書ヲ交付シ檢查證ノ返還アル迄該證明書ヲ以テ車輛檢查證ニ代ヘシムルコト尚旧車輛番號板ハ新車輛番號ノ指示アル迄之ヲ使用セシメ新車輛番号ノ指示ト共ニ旧車輛番號板ヲ任意提出セシメルカ又ハ警察官ノ指示ニ從ヒ任意廢棄セシムルコト

十、總局ノ自動車ノ車輛檢查ニ除シテハ車輛檢查手數料ヲ免除スルコト

第一號樣式

南滿洲鐵道株式會社

ヨー0024　B列5　32×15　●分割打字ヲ要スル原稿ハ五、六頁乃至一〇頁ニテ區切ルコト　(18. 8. 3,000冊)

No.　タイプライター原稿用紙

同上取扱方法

一、第三章　車輌ノ検査

1. 鉄路総局ノ車輌検査（第四十二條ノ検査ヲ為ス場合ハ豫メ鉄路総局現地機関ト協議ノ上其ノ日時、場所ヲ決定スルコト但シ此ノ場合ナルベク鉄路総局ノ営業ニ支障ヲ来サザル様便宜ヲ供與スルコト）

2. 右検査ヲ為スニ當ツテハ豫メ別紙様式ノ車輌検査成績表ヲ作成シ鉄路総局現地機関ニ交付シ置クコト

3. 検査代行ノ場合ニハ必ズ省警務廳警察官ヲシテ立會ハシムルコト但シ警務廳警察官ニシテ支障アルトキハ縣警察官（日系ノ者）ヲシテ立會ハシムルコト

4. 検査ノ成績ハ鉄路総局技術員ヲシテ検査成績表ニ之ヲ記入セシメ右表ハ総局技術員ト協議ノ上決定スルコト

5. 立會警察官ハ豫メ車輌台帳其ノ他事務處理上必要ナル物件ヲ準備シ置キ検査現場ニ於テ總テ事務ヲ處理スルコト此ノ場合ハ事務處理例ヘバ車輌検査證ニ必要事項ノ記入ヲ為ス等ノコトハ總テ立會警察

南滿洲鐵道株式會社

ヨー0024　B列5　32×15　●分割打字ヲ要スル原稿ハ五、六頁乃至一〇頁ニテ區切ルコト　(18. 8. 5,000冊)

No.　タイプライター原稿用紙

官ニ於テ行フコト

6. 検査ノ状況ハ省長ノ定ムル様式ニ依リ立會警察官ヨリ省長ニ報告スルコト此ノ報告書ニハ總局技術員ノ連署ヲ受クルコト

7. 新規ノ車輛検査（第三十一條ノ規定ニ依ル検査）ハ總局ヨリ第三十二條ニ所定ノ事項ヲ屆出テシメ同屆出ニ基キ前同様ノ趣旨ニ依リ検査ヲ実施シナルベク總局ノ營業ニ支障ヲ来サザル様便宜ヲ供與スルコト

第四章　運轉免許

第五章　營業免許

二、

(一) イ、滿洲國独立第一自動車隊長ノ發行セル技倆証明書ヲ有スル者ニ對シテハ自動車取締規則第五十二條第一項ノ規定及康德三年一月七日民警保第一號警務司長通牒（自動車取締規則ニ関スル件）左記第二十一項第五號ニ依リ其ノ試験ノ全部ヲ免除シ運轉免許証ヲ交付スベキモノナルヲ以テ鉄路總局ヨリ之等ノ者ヲ採用スベキ旨申出アリタルトキハ便宜其ノ採用豫定名簿ニ依リ運轉免許証ヲ交付ス

南滿洲鐵道株式會社

ヨ－0024　B列5　32×15　◎分割打字ヲ要スル原稿ハ五、六頁乃至一〇頁ニテ區切ルコト　(15. 5. 5,000冊)

No.　タイプライター原稿用紙

ルコトトシ一般ト同様ノ手續ヲ省略スルコト此ノ場合ノ名簿ノ様式ハ運轉免許証（就業免許ヲ含ム）ヲ作製スルニ必要ナル事項記載ノ要アルヲ以テ省ヨリ豫メ鉄路總局ニ對シ之ガ様式ヲ指示シ置クコト

運轉免許ニ當ツテハ迅ニ事務ヲ處理シ三週間以内ニ免許証ノ交附ヲ爲シ得ル樣取計フコト

2. 就業免許ニ付テモ運轉免許ト同樣前記採用豫定名簿ニ依リ之ヲ與フベキモノナルモ該名簿受付ノ日ヨリ三週間以内ニ第六十五條ノ規定ニ依ル就業免許試験ヲ施行シ合格者ニ對シテノミ就業免許ヲ與フルコト

(三) 1. 第五十八條及第六十八條ノ規定ニ依ル主タル運轉地変更届及主タル就業地変更届ノ爲ニ免許証ヲ省長ニ提出シタル場合ハ之ヲ受付ケタル縣長ニ於テ右届出ノ爲ニ免許證ヲ提出中ナル旨ノ證明書ヲ交付ト同時ニ本人ニ交付シ免許証返還アル迄同証明書ヲ以テ就業スルコトヲ認ムルコト

南満洲鐵道株式會社

ヨ－0024　B列5　32×15　●分割打字ヲ要スル原稿ハ五、六頁乃至一〇頁ニテ區切ルコト　(15. 5. 5,000冊)

No.　タイプライター原稿用紙

之、就業ヲ変更届出アリタルトキハ第六十八條第二項ノ規定ニ依ル試驗ヲ省略シテ就業ヲ認ムルコト

(三) 鐵路總局自動車運轉員養成機關ノ修業者ニ對シテハ其ノ修業中自動車取締規則其ノ他一般交通関係法令ヲ教授スルコトヲ條件トシテ無試驗ニテ運轉免許証ヲ交付スルコトト爲シタルニ依リ鉄路總局ヨリ同機関修業者ニ對スル運轉免許証交付ノ申請アルトキハ其ノ卒業時迄ニ運轉免許証及就業免許証ヲ與フルコト但シ就業免許ニ際シテハ試驗ヲ免除セザルモノニ付此ノ場合ニハ警務廳警察官ヲ養成所ニ派遣シ就業免許試驗ヲ施行セシムルコト

三、第六章　車庫及貸車庫營業

車庫ノ新設、移轉、改築、増築、讓渡廢止ヲ為サムトスルトキハ鉄路總局ヨリ現地警務機関（縣警務局）ニ對シ事前ニ協議シ其ノ際第八十一條所定ノ書類ヲ提出スルコトトナリ居ルヲ以テ協議ヲ受ケタル縣ニ於テハ実状ヲ充分調査シ支障ナキモノト認メタルトキハ之ニ承認ヲ與ヘ其ノ結果ヲ省長ニ報告スルコト

南滿洲鐵道株式會社

ヨ－0024　B列5　32×15　●分割行字ヲ要スル原稿ハ五、六頁乃至一〇頁ニテ區切ルコト　(15. 5. 8,000冊)

No.　タイプライター原稿用紙

四、第九章　罰則

使用主ニ関スル罰則ハ之ヲ除外スルコトトナリ居ルモ萬一使用主ニ関スル事項ニ違反アリタルトキハ民政部大臣ヨリ関東軍参謀長ニ通告スベキ要アルヲ以テ其ノ状況ノ詳細ヲ警務司長宛ニ報告スルコト

自動車車輌検査成績表

検査年月日	
車輌番号	
燈火装置	
警音器	
速度計	
排気及消音装置	
硝子	
把手装置	
制動装置	
発條装置	
配線	
車体	
車架	
発動機	
車輪装置	
車輌ノ所属	
備考	
検査技術員及警察官氏名印	

本表ハ自動車ノ定期又ハ臨時検査ノ場合ニノミ使用シ新規ノ検査及継続検査ノ場合ニハ使用セザルモノナリ

南滿洲鐵道株式會社

ヨー0024　B列5　32×15　●分調打字ヲ要スル原稿ハ五、六頁乃至一〇頁ニテ區切ルコト　(15. 5. 8,000巻)

No.

自動車取締規則

其他法例

民政部大臣

ヨ-C022　B列5　28字×10　南満洲鐵道株式會社　(13.9. 10,000 [illegible])

No.

民政部令第二号

茲ニ自動車取締規則ヲ左ノ通制定ス

康徳三年一月四日

民政部大臣 呂榮寰

自動車取締規則

第一章 總則

第一條 本規則ハ道路ニ於テ運轉スル自動車ニ之ヲ適用ス

本規則ニ於テ道路ト稱スルハ一般道路、自動車道其ノ他一般通行ノ用ニ供スル場所ヲ謂ヒ自動車ト稱スルハ原動機ヲ用ヒ軌道ニ依ラズシテ運轉スル車輛ヲ謂フ

ヨ-0022 B列5 28字×10 南滿洲鐵道株式會社

No.

第二條　自動車ヲ分ナテ普通自動車、特殊自動車及小型自動車ノ三種トス

本規則ニ於テ普通自動車ト称スルハ内燃原動機、電動装置及前二輪ニ依ル操向装置ヲ具備シ、車輌重量三百六十瓩以上ニシテ主トシテ人又ハ貨物ヲ運搬スル構造ヲ有スル自動車ノ内小型自動車ニ非ザルモノヲ謂フ

本規則ニ於テ特殊自動車ト称スルハ普通自動車又ハ小型自動車ニ非ザル自動車ヲ謂ノ牽引自動車ハ之ヲ特殊自動車ト看做ス

本規則ニ於テ小型自動車ト称スルハ左ノ制限ヲ越ヘザル自動車

No.

ヲ謂フ

一、車輛ノ長サ二・八米幅一・二米高サ一・八米

二、内燃機関ヲ原動機トスルモノニ在リテハ四行程式ヲ用フルモノハ氣筒容積ノ合計七百五十立方糎、二行程式ヲ用フルモノハ氣筒容積ノ合計五百立方糎

三、電動機ヲ原動機トスルモノニ在リテハ一時間定格出力〇・五キロワット

第三條　本規則ニ於テ車輛重量ト称スルハ燃料油槽、潤滑油槽及冷却水槽ヲ充満シタル状態ニ於ケル自動車ノ重量ヲ謂フ

本規則ニ於テ自動車ノ總重量ト称スルハ車輛重量、最大積載量、六十瓩ニ乗車定員ヲ乗ジタル重量ノ總和ヲ謂フ

ヨ-0022　B列5　28字×10　南満洲鐵道株式會社　(13. 9. 10,000 [illegible])

No.

第四條　本規則ニ於テ自動車ノ停車ト称スルハ人ノ乗降若ハ貨物ノ積卸ノ為ノ自動車ヲ停止シ又ハ法令ノ規定若ハ交通上ノ標示、指示ニ依リ若ハ交通上ノ危害豫防ノ為一時自動車ヲ停止スルコトヲ謂ヒ駐車トハ停車以外ノ場合ニ於テ自動車ヲ駐ルコトヲ謂フ但シ停車ノ場合ト雖モ自動車ノ停止時間五分以上ニ亘ルトキハ之ヲ駐車ト看做ス

第二章　車輛ノ構造装置

第五條　車輛ノ長サハ七・五米、幅ハ二二米、高サハ三米ヲ超ユルコトヲ得ズ

但シ特別ノ事由アルモノニシテ省長（首都警察庁管下ニ在リテハ首都警察總監、哈爾濱警察庁管下ニ在リテハ哈爾濱警察庁長、以下之ニ同ジ）ノ許可ヲ受ケタル場合ハ此ノ限ニ在ラズ

No.

第六條　車輛ハ適度ノ安定ヲ有スル構造タルコトヲ要ス

第七條　車輛ノ最短廻轉半徑ハ最外側ノ轍ニ就キ測リ十一米以内タルコトヲ要ス

第八條　車輛重量三百六十瓩以上ノ自動車ニ在リテハ逆行装置ヲ備フベシ

第九條　蒸氣、瓦斯又ハ油、其ノ他爆発性若ハ可燃性ノモノヲ容ルベキ器、管及氣筩並ニ電氣装置等ハ堅牢ニシテ漏洩又ハ危険虞ナキモノタルコトヲ要ス

第十條　車輛ハ運轉ニ際シ甚シキ騒音ヲ発シ又ハ悪臭若ハ有害ノ瓦斯又ハ煤煙ヲ多量ニ発散セザル構造ニシテ且排出瓦斯又ハ

No.

煤煙ノ車室内ニ侵入セザルモノタルコトヲ要ス

第十一條　排氣管ニハ適當ナル消音装置ヲ備フベシ

第十二條　蒸氣力ヲ用フルモノニ在リテハ其ノ汽罐ニ壓力計、水面計、

及安全辨ヲ備フベシ

第十三條　動力調節装置、制動装置、操向装置、断續装置

及變速装置ハ機能確實ニシテ且ツ容易ニ操縱シ得ベキモノタル

コトヲ要ス

第十四條　制動装置ハ左ノ各号ニ依ルベシ

一、獨立ニ作用スベキ二系統以上ノモノニシテ一系統ハ後車軸ノ兩車

輪ヲ制動スルコト但シ總重量二千五百瓩未満ノ自動車ノ制動装

No.

置ニシテ四箇以上ノ車輪ヲ制動シ且ツ制動力ノ傳達ニ流体壓力ヲ用ヒザルモノニ在リテハ二系統ト為スコトヲ妨ゲス

二、制動距離（二系統以上ノ制動装置ヲ備フル場合ニ在リテハ定動制動装置ノ制動距離）ハ乾燥セル水平道路ニ於テ左ノ制限ヲ超ヘザルコト

速度　種別	四輪制動ノ制動距離	二輪制動ノ制動距離
毎時　十六粁	一・九米	三米
〃　十九粁	二米	四米
〃　二十六粁	三米	七米
〃　三十二粁	五米	十一米
〃　四十粁	七、六米	十七米

No.

三、運轉者自動車ニ在ラザルトキ停止狀態ヲ保持シ得ル構造ヲ有スルコト

第十五條　輪帶ハ護謨製空氣入ノモノヲ使用シ常ニ豫備輪帶一箇以上ヲ備フベシ

但シ乘合自動車、貨物自動車、牽引自動車、消防自動車及作業用自動車ニシテ首長ノ許可ヲ受ケタルモノハ此ノ限ニ在ラズ

第十六條　運轉者ノ見易キ個所ニ速度計ヲ備ヘ且其ノ數字ヲ明瞭ニ認メ得ベキ光度ヲ有スル燈火ヲ備フベシ但シ特殊自動車及小型自動車ニシテ首長ノ許可ヲ得タルモノハ此ノ限リニ在ラズ

第十七條　軟調ノ音響ヲ發スル警音機二箇以上備フベシ但シ消

ヨ-0022　B列5　28字×10　南滿洲鐵道株式會社　(13. 9. 10,000 [illegible])

No.

防自動車及急救自動車ニ在リテハ之ニ異ナル警音機ヲ備ヘルコトヲ得

前項ノ規定ハ土地ノ状況ニ依リ斟酌スルコトアルベシ

第十八條　燈火装置ハ左ノ各号ニ依ルベシ

一、前照燈ハ無色ニシテ車輛ノ前面両側ニ各一箇ヲ設備シ前方五十米以内ニ在ル交通上ノ障害物ヲ明瞭ニ認メ得ベキ光度ヲ有スルコト

二、主要光線ノ限界ハ前方二十五米以内ニ在リテハ地上一、二米ヲ超エザルコト

三、尾燈ハ車輛ノ後面ニ一箇以上設備シ後方照射面ハ之ヲ赤色ト

ヲ-0022　B列5　28字×10　南満洲鐵道株式會社　(13.9.10,000 ...)

No.

為シ夜間二十五米ノ距離ニ於テ後面車輛番号ヲ明瞭ニ認メ得ベキ光度ヲ有シ且運轉者ノ座席ヨリ之ヲ消燈シ得ザル装置ト為スコト。

四、乘用車ニハ室内燈ヲ備フルコト但シ省長ノ許可ヲ受ケタルモノハ此ノ限リニ在ラズ

五、乘合自動車ニ在リテハ車輛ノ前面上部両側ニ紫色ノ燈火ヲ備フルコト

第十九條　車輛ノ外部ニハ制規ノ燈火以外ノ燈火ヲ備フルコトヲ得ズ

但シ特別ノ事由アリテ省長ノ許可ヲ得タル場合ハ此ノ限リニ在ラズ

第二十條　尾燈、停止燈及方向指示器ノ燈火ノ外有色ノ燈火ヲ

用フルコトヲ得ズ但第十八條第五号及前條但書ノ規定ニ依リ備ヘタル燈火ニ付テハ此ノ限ニ在ラズ

第二十一條　普通自動車ハ車輛ノ前面及後面ニ緩衝器ヲ備フベシ但シ乗用ニ供セザル自動車ノ後面ニハ之ヲ備ヘザルコトヲ得

第二十二條　普通自動車ハ前面硝子掃拭器ヲ設クベシ

第二十三條　省長ノ指定スル市街地ヲ主タル運行地トスル普通自動車ハ方向指示器、後写鏡及停止燈ヲ備フベシ

方向指示器ハ左ノ施設ニ依ルベシ

一、方向ノ指示ハ矢形又ハ剣形ノ数ニ依ルコト

二、指示針ハ赤地ヲ以テ表シ其ノ長サ二十糎以上、最廣幅部四糎以

No.

上ノモノタルコト

三、指示針ハ運転台前面硝子支柱両端ノ上部又ハ之ニ準ズベキ箇処ニ之ヲ装置シ換向セントスル側ノ後方ヨリ明瞭ニ之ヲ認メ得ベキモノタルコト

四、指示針ハ車輌ノ最外側ヨリ三十糎以上突出セザルモノタルコト

五、指示針ハ方向ヲ指示シタル場合ノ外表示セラレザルモノタルコト

六、夜間ハ指示針ノ内部ヨリ燈火ヲ以テ照明シ得ベキモノタルコト

七、操作ニ容易且ツ確実ニ為シ得ベキモノタルコト

停止燈ハ左ノ制限ニ依ルベシ

一、燈黄色ニシテ光度十燭光以上ノモノタルコト

No.

二、装置位置ハ車輛ノ後面ニシテ後續車輛ヨリ見易キ箇処タルコト
三、足動制動装置ヲ操作スル場合ニノミ自動的ニ点燈スルモノタルコト
省長ノ指定スル地域内ヲ運行スル自動車ハ常ニ汚水泥土等ノ飛散ヲ防止スルニ必要ナル設備ヲ為スベシ但シ車輛ノ構造ニ依リ之ヲ為スコト能ハザルモノハ[illegible]ノ省長ノ許可ヲ受クベシ
第二十四條　省長必要アリト認ムルトキハ特殊自動車又ハ小型自動車ヲ指定シテ緩衝器、前面硝子拭掃器、方向指示器、後写鏡又ハ停止燈ノ設備ヲ命ズルコトアルベシ
第二十五條　自動自転車、側車附自動自転車又ハ自動三輪車ハ

ヲ-0022　B列5　28字×10　南滿洲鐵道株式會社

No.

其ノ構造装置ニ依テハ第十四條第一号、第十八條第一号及第四十條第一項ノ規定ニ拘ラズ左ノ各号ニ依ルコトヲ得

一、一系統ノ制動装置ヲ備フルコト

二、前照燈一箇以上ヲ備フルコト

三、車輌番号ハ車輌ノ後面ニ標示スルコト

小型自動車トハ自動自転車、側車附自動自転車又ハ自動車三輪車ニシテ左ノ制限ヲ超エザルモノニアリテハ速度計ヲ備ヘザルコトヲ得

一、内燃機関ヲ原動機トスルモノニシテ四行程式ヲ用フルモノニ在リテハ気筒容積ノ合計四百五十立方糎、二行程式ヲ用フルモノニ在リテハ

ヲ-C022　B列5　28字×10　南満洲鉄道株式会社　(13.9. 10,000)

No.

氣筒容積ノ合計三百立方糎

二、電動機ヲ原動機トスルモノニアリテハ一時間定格出力三キロワット

第二十六條　省長ハ自動車ノ構造又ハ設備ニシテ公安若ハ衛生上有害ナリト認ムルトキハ必要ナル措置ヲ命ズルコトアルベシ

第二十七條　定路線又ハ区間ニ依ル旅客運輸事業ノ用ニ供スル乘合自動車ハ前各號ニ依ルノ外左ノ制限ニ依ルベシ

一、明瞭ニ行先地ヲ標示スルコト

二、乘降口ハ車体ノ左側又ハ後方ニ設クルコト

三、室内ニ換氣装置ヲ設クルコト

四、客室高ハ車輛ノ縦中心線ニ於テ測リ床面ヨリ千三百七十粍

No.

（立席ヲ有スルモノニ在リテハ千七百三十粍）以上ト為スコト

五、旅客座席ノ幅員ハ一人ニ付四百粍以上トシ其ノ前方ノ餘地ハ六百粍以上ト為スコト

六、立席ハ通路ノ幅員三百粍以上ニシテ旅客座席定員十二人以上ノモノニ非ザレバ之ヲ設ケザルコト

七、立席定員ハ通路ノ面積〇・一二平方米ニ付一人ノ割合ヲ超エザルコト

八、第二項ノ通路ノ幅員及面積ハ通路ニ向ヒ座席ノ設ケアル場合ニ於テハ其ノ前方六百粍ヲ控除シテ之ヲ計算スルコト

九、立席ヲ設クル場合ニ於テハ握手、吊リ革其ノ他適当ナル設

No.

備ヲ為スコト

十．車輛ニハ運輸ノ状況ニ應ジ適當ナル物品ノ積載設備ヲ為ス
コト

十一．車体ノ支柱ニハ鉄骨ヲ用フルコト

第二十八條 車輛ノ外部ハ之ヲ溜色ニ塗リ又ハ消防自動車、郵便自動車、自動自転車、側車附自動自転車及専ラ危険物ヲ運搬スル自動車ヲ除クノ外赤色ニ塗ルコトヲ得ズ

前條ニ規定スルモノノ外、省長必要アリト認ムルトキハ自動車ノ塗色ヲ制限スルコトヲ得

第二十九條 運転者ハ自動車ノ構造装置ニ付危険豫防上必要

ヨ-0022　B列5　28字×10　南満洲鐵道株式會社　(13. 9. 10,000

No.

ナル注意ヲナスベシ、自動車ノ使用主其ノ構造装置ノ欠陥ニ付警察官吏又ハ運轉者ヨリ告知ヲ受ケタルトキハ危険防止ニ必要ナル措置ヲ採ルニ非ザレバ之ヲ使用スルコトヲ得ズ

第三章　車輌ノ検査

第三十條　自動車ハ車輌検査ニ合格シ車輌番号ノ指定ヲ受ケタルモノニ非ザレバ之ヲ運轉スルコトヲ得ズ但シ第四十七條第一項ノ規定ニ依ル許可ヲ受ケタル場合ハ此ノ限リニ在ラズ

第三十一條　車輌検査ハ自動車ノ使用主ノ申請ニ依リ其ノ主タル使用地ノ省長之ヲ行フ

新品ナル自動車ヲ所持スルモノハ自動車所在地ノ省長ニ申請シテ

No.

車輛検査ヲ受クルコトヲ得

第三十二條　前條ノ申請者ハ車輛検査ノ申請書ニ左ノ事項ヲ記載スベシ

一、申請者ノ住所、氏名及生年月日（法人ニ在リテハ主タル事務所ノ所在地名及名称並ニ代表者ノ住所及氏名以下之ニ同ジ）

二、前條第一項ノ規定ニ依ル申請又ハ前條第二項ノ規定ニ依ル申請ノ別

三、自動車ノ種別（第二條第一項ニ規定スル自動車ノ種類及特殊自動車ニ在リテハ第四十九條第三項ノ規定ニ依リ定ムル種類以下之ニ同ジ）

No.

四、車輌名及型式並ニ製造年

五、自動車ノ用途（乗用、貨物用、自家用、営業用別以下之ニ同ジ）

六、乗車定員及積載定量

七、車輌重量及総重量

八、車輌ノ長サ幅及高サ

九、原動機ノ型式及行程式（四行程式機関、二行程式機関等ノ別）

十、気筩ノ内径、ストローク及筩数並ニ其ノ容積ノ合計

十一、馬力又ハ一時間定格出力

十二、機関番号

No.

十三、制動装置ノ系統数、制動車輪数及制動力伝達方法

十四、車庫又ハ車輛置場ノ所在地

十五、新車ニ非ザル自動車ニ在リテハ最初ノ使用年月

自動車ヲ他人ノ車庫ニ格納スル場合ニ在リテハ前項ノ申請書ニ其ノ承諾書ヲ添附スベシ

第三十三條　省長必要アリト認ムルトキハ前條第一項第六号又ハ第四十一條第一項第四号ノ規定ニ依ル申請ニ拘ラズ別ニ乗車定員又ハ積載定量ヲ指定スルコトヲ得

第三十四條　車輛検査ニ合格シタル自動車ニハ第一号様式ノ車輛検査證ヲ交附シ車輛番号ヲ指示ス、但シ廢車トシテ車輛検査ヲ受

No.

ケタル自動車ハ車輌番号ヲ指示セズ

第三十五條　第三十一條第二項ノ規定ニ依ル車輌検査ニ合格シタル自動車ヲ使用セントスルトキハ其ノ使用主ハ主タル使用地ノ省長ニ申請シテ車輌検査証書検印及車輌番号ノ指示ヲ受クベシ

前項ノ規定ニ依ル申請書ニハ左ノ事項ヲ記載シ車輌検査証ヲ添付スベシ

一、申請者ノ住所、氏名及生年月日

二、自動車ノ用途

三、車庫又ハ車輌置場ノ所在地（自動車ヲ他人ノ車庫ニ格納スル場合ニ在リテハ第三十二條第二項ノ規定ニ依ル承諾書添

No.

附ノコト以下之ニ同ジ）

第三十六條　車輛検査ノ有効期間ハ自家用自動車ニ在リテハ一ケ年以内営業用自動車ニ在リテハ六ケ月以内ニ於テ省長之ヲ指定ス

前條第一項又ハ第三十九條第一項ノ規定ニ依リ車輛検査証書換ヲ受ケタル場合ニ於テハ新車輛検査証ハ舊車輛検査証ノ有效期間内ニ限リ其ノ效力ヲ有ス

第三十七條　車輛検査ノ有効期間満了後引續キ自動車ヲ使用セントスルトキハ其ノ使用主ハ有効期間満了前三十日以内ニ車輛検査ヲ申請スルコトヲ得

前條ノ規定ニ依ル申請書ニハ左ノ事項ヲ記載スベシ

No.

一、申請者ノ住所及氏名

二、自動車ノ種別及車輛番号

三、自動車ノ用途

四、車輛検査ノ有效期間

第三十八條 自動車ノ使用主其ノ主タル使用地ヲ変更シタルトキハ一週以内ニ後ノ主タル使用地ノ省長ニ届出テ車輛検査證ニ其ノ旨記入ヲ受ケ且車輛番号ノ指示ヲ受クベシ

前項ノ規定ニ依ル届書ニハ左ノ事項ヲ記載シ車輛検査証ヲ添付スベシ

一、届出者ノ住所、氏名及生年月日

二、自動車ノ種別

ヨ-0022 B列5 28字×10 南満洲鐵道株式會社 (13.9. 10,000 納川納)

No.

三、自動車ノ用途
四、変更前及変更後ノ主タル使用地
五、主タル使用地変更ノ年月日
六、車庫又ハ車輛置場ノ所在地
第三十九條　自動車ノ使用主ニ変更アリタルトキハ新使用主ハ一週間以内ニ其ノ主タル使用地ノ首長ニ届出テ車輛検査証ノ書換ヲ受クベシ其ノ主タル使用地旧使用主ノ主タル使用地ト異ルトキハ更ニ車輛番号ノ指示ヲ受クベシ
前項ノ規定ニ依ル届書ニハ左ノ事項ヲ記載シ車輛検査証ヲ添付スベシ

ヨ-C022　B列5　28字×10　南滿洲鐵道株式會社　(15.9. 10,000)

No.

一、届出者ノ住所、氏名及生年月日
二、舊使用主ノ住所氏名
三、自動車ノ種別及車輛番号
四、自動車ノ用途
五、使用主変更ノ事由
六、使用主変更ノ年月日
七、車庫又ハ車輛置場ノ所在地
第四十條　車輛検査証ハ車輛内部ノ見易キ箇処ニ車輛番号ハ車輛ノ前面及後面ノ見易キ箇処ニ之ヲ標示スベシ
一般公衆ノ乗用ニ供スル自動車ニ在リテハ前項ノ規定ニ依ルノ外

No.

第二号様式ノ車輛番号札（乗合自動車ニ在リテハ運転者及車掌ノ氏名）ヲ車室内乗用者ノ見易キ箇処ニ、貨物自動車ニ在リテハ其ノ最大積載定量ヲ車体ノ後面見易キ箇処ニ標示スベシ

第四十一条　車輛検査ニ合格シタル自動車ニシテ左ノ各号ノ一ニ該当スルトキハ使用者ハ直ニ其ノ主タル使用地ノ省長ニ申請シテ車輛ノ変更検査ヲ受クベシ但シ第四十七条第一項ノ規定ニ依ル許可ヲ受ケタル場合ハ此ノ限リニ在ラズ

一、原動機又ハ其ノ気筒ヲ取換ヘタルトキ

二、燃料油槽其他之ニ類スル容器ノ構造又ハ位置ヲ変更シタルトキ

ヨ-0022　B列5　28字×10　南滿洲鐵道株式會社　（13. 9. 10,000 [illegible]）

No.

三、操向装置、変速装置、又ハ制動装置ノ構造ヲ変更シタルトキ

四、乗車定員又ハ積載定量ヲ増加シタルトキ

五、車輛ノ長サ幅又ハ高サヲ増加シタルトキ

六、第二十六条ノ規定ニ依リ命ゼラレタル構造装置ヲ変更シタルトキ

前項ノ規定ニ依ル申請書ニハ左ノ事項ヲ記載シ車輛検査証ヲ添付スベシ

一、申請者ノ住所及氏名

二、自動車ノ種類及車輛番号

三、自動車ノ用途

No.

四、車輛検査ノ有効期間

五、変更事項

六、変更ノ年月日

第四十二条　省長ハ定期又ハ臨時ニ車輛ノ検査ヲ行フコトアルベシ

第四十三条　省長ハ前二條ノ規定ニ依ル検査ニ基キ車輛検査ノ有効期間ヲ延長シ若ハ短縮シ又ハ自動車ノ使用ヲ停止シ、禁止其ノ他必要ナル處分ヲ為スコトヲ得

前項ノ規定ニ依ル處分ニ依リ車輛検査証ノ記載事項ニ変更ヲ生ズルトキハ自動車ノ使用主ハ一週間以内ニ其ノ主タル使用地ノ省長ニ申請シテ車輛検査証ニ変更事項ノ記入ヲ受クベシ

ヨ-0022　B列5　28字×10　南滿洲鐵道株式會社　（13. 9. 10,000　[illegible]）

No.

第四十四條　自動車ノ使用主ハ其ノ住所若ハ氏名又ハ自動車若ハ車輛置場ノ所在地ニ変更アリタルトキハ一週間以内ニ省長ニ其ノ旨ヲ届出デ車輛検査証ニ変更事項ノ記入ヲ受クベシ

第四十五條　車輛検査証ヲ亡失又ハ毀損シタルトキハ省長ニ申請シテ其ノ再交付又ハ書換ヲ受クベシ

前項ノ規定ニ依ル申請書ニハ左記ノ事項ヲ記載シ車輛検査証アルトキハ之ヲ添附スベシ

一、申請者ノ住所氏名

二、自動車ノ種別及用途

三、車輛番号及機関番号

No.

四、亡失又ハ毀損ノ事由

第四十六條　左ノ各号ノ一ニ該当スルトキハ自動車ノ使用主ハ遅滞ナク車輛検査証ヲ返納スヘシ

一、自動車ノ使用ヲ廃止シタルトキ

二、車輛検査ノ有効期間満了シタルトキ

三、第四十三條第一項ノ規定ニ依リ自動車ノ使用ヲ禁止セラレタルトキ

四、亡失シタル車輛検査証ヲ発見シタルトキ

第四十三條第一項ノ規定ニ依リ自動車ノ使用停止ヲ命セラレタル場合ニ於テハ自動車ノ使用主ハ遅滞ナク車輛検査証ヲ首長ニ提出シ停止期間満了後之カ還付ヲ受クヘシ

ヨ-0022　B列5　28字×10　南滿洲鐵道株式會社　(13.9.10,000 [illegible])

No.

第四十七條　自動車ノ検査、試運轉又ハ廻送ノ爲メ若ハ車輛ノ検査ニ合格セズ又ハ車輛番号ノ指示ヲ受ケザル自動車ヲ一時運轉セントスル者ハ左ノ事項ヲ具シ出発地ノ驛長（首都警察ノ管下ニ在リテハ首都警察總監、各警察ノ管下ニ在リテハ警察ノ長以下之ニ同ジ）ニ申請シテ許可ヲ受クベシ

一、申請者ノ住所及氏名

二、自動車ノ種別及用途

三、自動車ノ型式及車名

四、車輛番号及機関番号

五、一時運轉ノ目的

No.

六　運轉経路

七　運轉日時

八、運轉者ノ住所、氏名及運轉免許ノ種別並ニ免許番号

縣長前項ノ一時運轉ヲ許可シタルトキハ第三号様式ノ一時運轉許可標板ヲ交付ス

第二項ノ一時運轉許可ノ標板及一時運轉許可ノ證ハ運轉終了後遅滞ナク之ヲ返納スヘシ

第四章　運轉免許

第四十八條　運轉免許ヲ受ケタル者ニ非ザレバ自動車ヲ運轉スルコトヲ得ズ

ヨ-0022　B列5　28字×10　南滿洲鐵道株式會社　(13. 9. 10,000　山口納)

No.

第四十九條　運轉免許ヲ分ケテ普通免許、特殊免許及小型免許ノ三種トス

普通免許ヲ受ケタル者ハ普通自動車及小型自動車ヲ特殊免許ヲ受ケタル者ハ別ニ定ムル種類ノ特殊自動車及小型自動車ヲ小型免許ヲ受ケタルモノハ小型自動車ノ運轉ヲ為スコトヲ得

前項ノ特殊自動車ノ種類ハ民政部大臣之ヲ定ム

第五十條　運轉免許ヲ受ケントスル者ハ左ノ各項ヲ具シ其ノ主タル運轉地ノ省長ニ申請スベシ

一、申請者ノ本籍、住所、氏名及生年月日

二、運轉免許ノ種別

ヨ-0022　B列5　28字×10　南滿洲鐵道株式會社

No.

三、運転免許ヲ有スルモノニ在リテハ現ニ有スル運転免許ノ種別、免許番号及有効期限

前項ノ規定ニ依ル申請書ニハ左ノ書類及写真三枚（申請前六ヶ月内ニ撮影シタル脱帽、正面、半身像、名刺版、無台紙ノ写真ニシテ其ノ裏面ニハ撮影年月日及氏名生年月日ヲ記載セルモノ以下之ニ同ジ）ヲ添附スベシ

一、履歴書

二、第五十二条第一項第一号乃至第三号及第五号ニ該当スル者ニ在リテハ運転免許証又ハ技倆証明書ノ写、同条第二項第二号ニ該当スル者ニ在リテハ卒業証書ノ写及在学中自動車ノ構造ニ関

ヨ-C022　B列5　28字×10　南満洲鐵道株式會社　（13.9.10,000）

No.

スル学科ヲ修得シタルコトノ証明書

三、医師ノ診断書（第五十一条第一項第二号該当者ノ有無ヲ記入シタルモノ）

第五十一条　運転免許ハ左ノ各号ニ該当セズ且ツ試験ニ合格シタル者ニ之ヲ與フ

一、十八歳未満ノ者

二、精神病者、唖者又ハ盲者及色盲ノ程度甚シク信号色（赤、橙、黄、青、緑、）ノ識別不能若ハ困難ナル者

三、運転免許ノ取消ヲ受ケ一年ヲ経過セザル者

四、其ノ他省長ニ於テ不適当ト認ムル者

-C022　B列5　28字×10　南満洲鐵道株式會社

No.

運轉免許ノ試驗ハ自動車ノ構造及取扱方法ノ要旨、自動車及交通ニ関スル取締法規並ニ自動車ノ運轉技能ニ関シ之ヲ行フ

第五十二條　左ノ各号ノ一ニ該当スル者ニ付テハ前條ノ規定ニ依ル試驗ノ全部又ハ一部ヲ免除スルコトヲ得

一、現ニ運轉免許ヲ有スル者ニシテ運轉免許ノ有效期間満了後引續キ自動車ヲ運轉セントスル者

二、普通免許ヲ有スル者ニシテ特殊免許ヲ受ケントスル者

三、特殊免許ヲ有スル者ニシテ普通免許又ハ別種ノ特殊免許ヲ受ケントスル者

四、小型免許ヲ受ケントスル者

ヨ-0022　B列5　28字×10　南滿洲鐵道株式會社　(13. 9. 10,000 [illegible])

No.

五　民政部大臣ノ指定シタル者ノ発行スル技術証明書又ハ運転免許証ヲ有スル者

右ノ各号ノ一ニ該当スル者ニ付テハ前条ノ規定ニ依ル試験ノ一部ヲ免除又ハ斟酌スルコトアルヘシ

一、特殊免許ヲ受ケントスル者

二、民政部大臣ノ指定シタル学校ノ機械科卒業者ニシテ在学中自動車ノ構造ニ関スル学科ヲ修得シタル者

第五十三条　省長運転免許ヲ与ヘタルトキハ第四号様式ノ運転免許証ヲ交附ス

第五十四条　運転免許ノ有効期間ハ五年トス

No.

第五十五條　運轉免許ノ有效期間満了後引續キ自動車ヲ運轉セントスル者ハ有效期間満了前六ヶ月以内ニ運轉免許ヲ申請スルコトヲ得

第五十六條　本規則施行区域外ノ行政官廳（外國行政官廳ヲ含ム）ニ於テ与ヘラレタル運轉免許ヲ有スル者自動車ニ依リ旅行セントスルトキハ省長ニ申請シテ假運轉免許ヲ受クルコトヲ得

前項ノ規定ニ依ル假運轉免許ノ申請書ニハ左ノ事項ヲ記載シ運轉免許証ノ写及写真三枚ヲ添附スベシ

一、申請者ノ本籍又ハ國籍、住所又ハ滞在地、氏名及年齡

二、運轉セントスル自動車ノ種別、車名及型式

ヨ-0022　B列5　23字×10　南満洲鐵道株式會社　(13. 9. 10,000 [illegible])

No.

三、車輛番号及機関番号

四、運転期間

省長ハ第一項ノ規定ニ依ル申請者ニシテ支障ナキモノト認メタルトキハ第五号様式ノ仮運転免許証ヲ交付ス但シ指定外ノ自動車ハ之ヲ運転スルコトヲ得ズ

前項仮運転免許ノ有效期間ハ三月以内ニ於テ省長之ヲ定ム

第五十七條　運転者ハ運転中運転免許証又ハ仮運転免許証ヲ携帯スベシ

第五十八條　運転免許証ヲ受ケタル者其ノ主タル運転地ヲ変更シタルトキハ左ノ事項ヲ具シ一週間以内ニ後ノ主タル運転地ノ省長ニ

ヲ-0022　B列5　28字×10　南満洲鐵道株式會社　(13. 9. 10,000 …)

No.

届出デ運転免許証ニ其旨記入スベシ

一、届出者ノ住所及氏名

二、運転免許ノ種別及免許証番号

三、主タル運転地

四、他人ニ雇傭セラルルトキハ其ノ雇主ノ住所及氏名

五、運転地変更ノ年月日

第五十九条　運転免許ヲ受ケタル者ハ其ノ本籍、住所若ハ氏名ニ変更アリタルトキハ一週間以内ニ其ノ旨省長ニ届出デ運転免許証ニ変更事項ノ記入ヲ受クベシ

第六十条　運転免許証ヲ亡失又ハ毀損シタルトキハ省長ニ申請

No.

ニテ其ノ交付日又ハ書換ヲ受クヘシ

前項ノ規定ニ依ル申請書ニハ左ノ事項ヲ記載シ写真三枚及運転免許証アルトキハ之ヲ添付スヘシ

一、申請者ノ住所及氏名

二、運転免許ノ種別及免許証番号

三、亡失又ハ毀損ノ事由

第六十一條　運転免許又ハ仮運転免許ヲ受ケタル者左ノ各号ノ一ニ該当スルトキ主タル運転地ノ省長ハ運転免許ノ取消又ハ停止ヲ命スルコトヲ得

一、故意又ハ過失ニ因リ自動車ニ依リ人ヲ殺傷シ又ハ物件ヲ損壊

No.

ミタルトキ

二、第五十一條第一項第二号ニ該当スルニ至リタルトキ

三、本規則又ハ本規則ニ基ク命令ニ違反シタルトキ

四、其ノ他當局ニ於テ不適当ト認メタルトキ

第六十二條　左ノ各号ノ一ニ該当スルトキハ運轉免許証又ハ仮運轉免許証ヲ返納スベシ

一、運轉免許又ハ仮運轉免許ノ取消ヲ受ケタルトキ

二、運轉免許又ハ仮運轉免許ノ有效期間満了シタルトキ

三、亡失シタル運轉免許証又ハ仮運轉免許証ヲ発見シタルトキ

四、普通免許又ハ特殊免許ヲ受ケタルモノ小型免許証ノ所持

No.

スルトキ

運転免許ヲ受ケタル者死亡シ又ハ行方不明ト為リタル
トキハ其ノ戸主、家族、同居人又ハ雇主ハ遅滞ナク運転免許証又
ハ仮運転免許証ヲ返納スベシ

第六十一条　第一項ノ規定ニ依リ自動車ノ運転停止ヲ命ゼラレタル場合ニ
於テハ運転者ハ遅滞ナク運転免許証又ハ仮運転免許証ヲ署
長ニ提出シ停止期間満了後之ガ還付ヲ受クベシ

第五章　就業免許

第六十二条　就業免許ヲ受ケタル者ニ非ザレバ一般公衆ノ用ニ供スル
自動車ヲ運転スルコトヲ得ズ

ヲ-0022　B列5　23字×10　南満洲鐵道株式會社　(13. 9. 10,000 [illegible])

No.

第六十四條　運轉者ニシテ就業免許ヲ受ケントスル者ハ左ノ事項ヲ記載シ其ノ主タル就業地ノ首長ニ申請スベシ

一、申請者ノ本籍、住所、氏名及生年月日

二、運轉免許ノ種別及免許証番号

三、運轉免許ノ有效期間

四、他人ニ雇傭セラルルトキハ其ノ雇主ノ住所職業氏名

五、醫師ノ診斷書（第六十五條第一項第一号該当ノ有無ヲ記載シタルモノ）

前項ノ規定ニ依ル申請書ニハ運轉免許証ノ写ヲ添附スベシ

第六十五條　就業免許ハ運轉免許ヲ有スル者ニシテ左ノ各号ニ

No.

該当セズ且ツ試験ニ合格シタル者ニ之ヲ与フ
一、伝染性疾患ヲ有スル者
二、就業免許ノ取消ヲ受ケ一年ヲ経過セザル者
三、其ノ他省長ニ於テ不適当ト認メタル者
就業免許ノ試験ハ主タル就業地ノ地理其ノ他必要ト認ムル事項ニ関シ之ヲ行フ
第六十六條　就業免許ヲ与ヘタルトキハ第四号様式ノ運転免許証ニ其ノ旨記入ス
第六十七條　就業免許ハ運転免許ノ有効期間中其ノ効力ヲ有ス

ヨ-0022　B列5　28字×10　南滿洲鐵道株式會社　(15. 9. 10,000 …)

No.

第六十八條　就業免許ヲ受ケタル者其ノ主タル就業地ヲ変更シタルトキハ一週間以内ニ後ノ主タル就業地ノ首長ニ左ノ事項ヲ届出デ運轉免許証ニ其ノ旨記入ヲ受クベシ

一、届出者ノ住所及氏名

二、就業免許番号

三、運轉免許ノ種別及免許証番号

四、運轉免許ノ有效期間

五、前就業地及変更ノ年月日

六、他人ニ雇傭セラルルトキハ其ノ雇主ノ住所、職業及氏名

前項ノ届出ヲ受理シタル首長ハ第六十五條第二項ノ手續ヲ行フベシ

ヨ-0022　B列5　28字×10　南滿洲鐵道株式會社　(13.9.10,000 [illegible])

ヨ-0022　B列5　28字×10　南滿洲鐵道株式會社

No.

前項ノ試験ニ合格シタル者ニ非ザレバ其ノ管内ニ於テ就業スルコトヲ得ズ

第六十九條　左ノ各号ノ一ニ該当スルトキハ其ノ主タル就業地ノ首長ハ就業免許ヲ取消スコトヲ得

一、故意又ハ過失ニ因リ自動車ニ依リ人ヲ傷害シ又ハ物件ヲ損壊シタルトキ

二、第六十五條第一項第一号及第三号ニ該当スルトキ

三、本規則又ハ本規則ニ基キテ発スル命令ニ違反シタルトキ

四、其ノ他首長ニ於テ不適当ト認メタルトキ

第七十條　第五十五條及第六十二條ノ規定ハ就業ニ付之ヲ準用ス

No.

第六章　車庫及貨車庫営業

第七十一條　自動車格納車庫ノ新設、移轉、改築又ハ増設ヲ為サムトスルトキハ左ノ事項ヲ具シ首長ニ願出テ許可ヲ受クベシ、第二号及第四号乃至第十号ノ事項ヲ変更セムトスルトキ亦同ジ

一、申請者ノ本籍、住所、氏名及生年月日

二、位置（地名番号附記ノコト）

三、附近百米以内ノ見取図及道路ノ幅員

四、用途（自家用及営業用ノ別）

五、車輛格納個数内ノ面積、格納スベキ車輛数量及種類

六、車庫ノ構造（仕様書及正面、側面、平面図、断面図）

No.

七、消火設置及給油方法其ノ他附属設備ノ大要

八、燃油、滑油ノ貯蔵装置ノ構造ノ大要（仕様書及正面、側面、平面、断面図）及最大貯蔵量（リットル又ハガロン）

九、営業用ノモノニアリテハ賃貸借條件

十、竣工期日

前項第一号ノ事項ニ変更アリタルトキハ一週間以内ニ其ノ旨届出ヅベシ

第十二條　車庫ノ新設、移転、改築、増設工事竣工シタルトキハ首長ニ届出デ使用認可ヲ受クベシ

前項ノ認可ヲ受ケタル後ニ非ザレバ之ヲ使用スルコトヲ得ズ竣工前ト雖モ支障ナシト認メタルトキハ一部使用ヲ認可スルコトアルベシ

No.

第七十三條　車庫ノ構造設備ハ左ノ制限ニ依ルベシ但シ土地ノ状況其他ノ事由ニ依リ斟酌スルコトヲ得

一、車庫内ノ壁及天井ハ不燃質物ヲ以テ築造スルコト

二、窓及入口ニハ扉又ハ戸ヲ設ケ其ノ内面ハ不燃質物ヲ以テ被覆スルコト

三、床ハ「コンクリート」造ト為スコト

四、建物ノ一部ヲ車庫ト為ス場合ニハ之ト他ノ用途ニ供スベキ部屋トノ境界ハ防火壁ヲ以テ区劃シ各別ニ出入口ヲ設クルコト

五、車庫内ニ於ケル給油ハ可搬式安全油槽又ハ地下埋没油槽ニ連絡スル漏洩ノ虞ナキ唧筒管ヲ以テ為スコト

No.

六、適當ナル消火器械設備ヲ爲スコト

第七十四條 車庫主ハ車庫ノ外部見易キ場所ニ左ノ事項ヲ掲示スベシ

一、住所氏名及車庫所在地地名番号

二、車庫ノ用途

三、常時格納スヘキ車輛ノ數及車輛番号

四、担當運轉者ノ氏名

第七十五條 左ノ各号ノ一ニ該當スルトキハ車庫ノ許可ヲ取消スコトヲ得

一、虚僞ノ申請ヲ爲シタルトキ

No.

二、竣工期日ヲ経過シテ尚竣工セザルトキ

第七十六條　車庫ヲ譲受ケ使用セントスルトキハ当事者連署ノ上使用

使用認可証写ヲ添附首長ニ願出デ許可ヲ受クベシ但シ連署シ

能ハザルトキハ証拠書類ヲ添ヘ其ノ事由ヲ疎明スベシ

車庫ヲ相続シタルトキハ相続人ニ於テ相続事実ノ証拠書類

及使用認可証写ヲ添ヘ十日以内ニ届出スベシ

第七十七條　使用認可証ヲ亡失又ハ毀損シタルトキハ其ノ事由ヲ具シ

願出デ再交付又ハ書換ヲ受クベシ

第七十八條　車庫ハ格納スル自動車アルトキハ之ヲ廃止スルコトヲ得ズ

但シ格納自動車ノ使用主ニ対シ一月以上ノ期間ヲ限リテ豫メ廃

ヌ-0022　B列5　23字×10　南満洲鉄道株式会社

止ムベキコトヲ告知シタル時ハ此ノ限ニ在ラズ

第七十九條　本證ノ使用ヲ廢シタルトキハ一週間以内ニ使用認可證ヲ添ヘ其ノ旨届出ヅベシ本車ガ滅失シタルトキ亦同ジ但シ使用認可證ヲ添附シ能ハザルトキハ其ノ事由ヲ附記スベシ

前條但書ノ場合ニ在リテハ廢止届ニ告知シタル旨ヲ證スル書類ヲ添附スベシ

第八十條　車輛主ハ車輛賃借人ノ所在不明トナリタルトキハ其ノ旨届出ヅベシ

第八十一條　自家用トシテノ許可ヲ受ケタル本車ニハ他人ノ自動車ヲ格納スルコトヲ得ズ但シ臨時ノ必要ニ依リ驛長ノ認可ヲ受ケタル

場合ハ此ノ限ニ在ラズ

第八十二條　車庫主ハ車庫管理人ヲ選任スルコトヲ得

車庫経営者自ラ車庫ノ管理ヲ為スコト能ハザルトキハ車庫管理人ヲ選任スベシ管理人ハ車庫主ニ代リ車庫管理ノ責ニ任ズ

管理人ヲ選任シタルトキハ其ノ者ノ承諾書ヲ添ヘ届出ヅベシ

管理人不適当ト認メタルトキハ之ガ変更ヲ命ズルコトアルベシ

第八十三條　省長ハ左ノ各号ノ一ニ該当スルトキハ車庫ニ関シ特別ノ構造設備其ノ他ノ事項ヲ命ジ又ハ其ノ使用ノ停止若ハ禁止ヲ命ズルコトヲ得

一、本規則又ハ本規則ノ規定ニ基キテ発スル命令ニ違反シタルトキ

No.

二、交通上支障ヲ生ズル虞アリト認ムルトキ
三、保安上危害ヲ生ズル虞アリト認ムルトキ
第八十四條　車体内ニ於テハ左ノ事項ヲ遵守スベシ
一、消火設備ハ常ニ其ノ機能ヲ完全ナラシムルコト
二、照明ハ電燈ニ依ルコト
三、喫煙ヲ為サザルコト
四、火気ヲ使用セザルコト
五、自動車ノ格納以外ニ使用セザルコト

第七章　自動車ノ用法

第八十五條　自動車ハ其ノ目的以外ノ用ニ之ヲ使用スルコトヲ得ズ但シ

ヲ-0022　B列5　20字×10　南満洲鐵道株式會社　(13.9.10,000　[illegible])

No.

所轄縣長ノ許可ヲ受ケタル場合又ハ故障ノ自動車ヲ他ノ自動車ニ依リ牽引スル場合ハ此ノ限リニ在ラズ

第八十六條　自動車ハ其ノ幅員ノ一倍半以上ノ有效幅員ヲ有シ適當ノ箇處ニ自動車相互間ニ行違ヒ得ル場所ヲ有スル道路ニ非ザレバ運轉スルコトヲ得ズ、但シ制限内ノ道路ヲ常時運轉スル自動車ニシテ所轄縣長ノ許可ヲ受ケタル場合又ハ臨時ノ必要ニ依リ最寄警察官吏ノ承諾ヲ受ケタル場合ハ此ノ限ニ在ラズ

前項ノ規定ハ消防自動車、救急自動車及省長ノ指定スル自動車（以下單ニ指定自動車ト稱ス）ニハ之ヲ適用セズ

第一項ニ規定スル道路ノ有效幅員ハ步道及車馬道ノ區別アル

No.

道路ニ在リテハ車馬道ノ有效幅員トス
縣長必要アリト認ムルトキハ区域、時間若ハ自動車ヲ指定シ又ハ第一項ノ規定ニ拘ラズ道路ヲ指定シテ自動車ノ運轉ヲ制限スルコトヲ得

第八十七條　自動車ノ速度ハ左ノ制限ニ依ルベシ

車輛種別／道路ノ有效幅員	自動車ノ總重量二千五百瓩未満（乗車定員七名以下ノ乗用自動車ニアリテハ總重量三千瓩未満）ニシテ全車輛ニ空気入輪帯ヲ使用シ且全車輛ヲ制動スル装置ヲ有スルモノ	其ノ他ノ自動車（作業用自動車牽引自動車ヲ除ク）	作業用自動車、牽引自動車
二・五米以上	時速二十七粁以内	時速十九粁以内	時速十六粁以内
四・五米以上	時速四十粁以内	時速三十二粁以内	時速二十六粁以内

十米以上ノ有效幅員ヲ有スル道路ニシテ人家連接セズ交通稀疎ニシテ危害ノ虞ナキ場所ニ在リテハ前項ノ規定ニ拘ラズ乗用自動車、

ヨ-0022　B列5　28字×10　南満洲鐵道株式會社　(13.9.10,000 [illegible])

No.

在リテハ十六粁其ノ他ノ自動車ニ在リテハ八粁以内ノ速力ヲ超過スル
コトヲ得
縣長ハ土地其ノ他ノ状況ニ依リ前二項ノ範囲内ニ於テ更ニ之ガ制
限ヲ為スコトヲ得
消防自動車又ハ救急自動車ニ在リテハ其ノ最高速度ヲ時速
六十五粁ト為スコトヲ得
自動車道ニ於テ運転スル自動車ノ最高速度ニ付テハ前各項
ノ規定ニ拘ラズ省長之ヲ定ム
第八十八條　運転者ハ前條ノ規定ニ依ル最高速度ノ制限内ニ於
テ道路及交通ノ状況ニ應ジ公衆ニ危害ヲ及ボス虞レナキ速度

ヲ-0022　B列5　28字×10　南満洲鐵道株式會社　(18. 9. 10,000 [illegible])

No.

並ニ方法ヲ以テ運轉スベシ
運轉者ハ前車ニシテ時速四十粁以上ノ速度ヲ以テ運轉スル場合ハ之ヲ追越スコトヲ得ズ但シ消防自動車又ハ救急自動車ヲ運轉スル場合ハ此ノ限ニ在ラズ

第八十九條　營業用自動車ニ在リテハ車輛前面硝子ノ適當ナル位置ニ約十糎平方大ノ標識ヲ表示スベシ

第九十條　自動車ノ使用主或ハ運轉者ハ車輛ノ長サ及幅、高サ地上三・五米（小型自動車ニ在リテハ一・八米）又ハ車輛検査證ニ記載シタル乘車定員若ハ最大積載量ヲ超エテ、積載シ若クハ乘車セシムルコトヲ得ズ

ヨ-C022　B列5　28字×10　南滿洲鐵道株式會社　(13. 9. 10,000 [illegible])

No.

但シ乗用自動車ニ在リテハ十二歳未満ノ者ハ二人ヲ以テ一人ト看做シ四歳未満ノ者ハ之ヲ定員外トス

貨物自動車ニシテ運送品ノ看守ノ為メ特ニ必要アル場合ニ於テ三人ヲ限リ乗車定員外ニ乗車セシムルコトヲ得

前二項ノ規定ハ特別ノ事由ニ依リ出発地警察長ノ許可ヲ受ケタル場合ニハ之ヲ適用セズ

第九十一條　自動車ハ車庫以外ノ場所ニ之ヲ格納スルコトヲ得ズ但シ小型自動車ニシテ三輪以上ヲ格納スル場合又ハ露天自動車、電気自動車等燃料ノ貯有ヲ必要トセザル自動車ヲ格納スル場合ハ此ノ限リニ在ラズ

ヨ-0022　B列5　28字×10　南満洲鐵道株式會社　(13. 9. 10,000 ...)

No.

第九十二條　運轉者自動車ノ方向ヲ轉換シ、徐行シ若ハ停止セントスル場合又ハ後續車輛ヲシテ追越サシメントスルトキハ手信號ヲナスベシ

但シ交通ノ狀況ニヨリ危險ノ虞ナシト認メタルトキハ此ノ限ニ在ラズ

前項ノ手信號ハ左ノ方法ニ依ルベシ

一、右折セントスルトキ

右手ヲ開キ右方車體外ニ水平ニ出シ又ハ左手ヲ開キ左方車體外ニ擧グ

二、左折セントスルトキ

左手ヲ開キ左方車體外ニ水平ニ出シ又ハ右手ヲ開キ右方車體外ニ擧グ

No.

三、徐行セントスルトキ

右手又ハ左手ヲ開キ車体外ニ斜下ニ出ス

四、停止セントスルトキ

右手又ハ左手ヲ握リ車体外斜下ニ出ス

五、後続車輛ヲシテ追越サシメントスルトキ

右手又ハ左手ヲ開キ右方又ハ左方車体外ニ出シテ之ヲ前後水平ニ動カス

六、道路ノ交叉点ニテ前進セントスルトキ

右手又ハ左手ヲ前方ニ水平ヲ挙グ

方向指示器又ハ停止燈ノ設備アル自動車ハ其ノ方向指示

No.

器又ハ停止燈ニ依ル信号ヲ以テ第一項ノ手信号ニ代フルコトヲ得

第九十三條　交通整理ノ行ハレザル道路ノ交叉点ニ異リタル方向ヨリ同時ニ入ラントスル自動車相互間ニ在リテハ左方ノ自動車ニ進路ヲ譲ルベシ但シ小道路ヨリ大道路ニ入ラントスル自動車ハ大道路ノ自動車ニ進路ヲ譲ルベシ

消防自動車又ハ救急自動車ト他ノ自動車トガ交通整理ノ行ハレザル道路ノ交叉点ニ異リタル方向ヨリ同時ニ入ラントスル場合ニ於テハ前項ノ規定ニ拘ラズ常ニ消防自動車又ハ救急自動車ニ進路ヲ譲ルベシ

第九十四條　消防自動車又ハ救急自動車ノ接近シ来リタル場合

No.

ニハ他ノ自動車ハ直ニ道路ノ左側部ニ避讓スベシ
第九十五條　運轉者ハ道路ノ交叉点、曲角、急坂路、隧道又ハ險
悪狭キ橋梁ニ於テハ他ノ自動車ヲ追越スベカラズ但シ消防自
動車又ハ救急自動車ヲ運轉スル場合ハ此ノ限ニ在ラズ
第九十六條　鉄道又ハ軌道ノ踏切ヲ横断セントスルトキハ自動車
ヲ一時停車シ安全ナルコトヲ確認シタル後通行スベシ但シ警察
官吏信号人又ハ信号標示機等ニ依リ通行安全ノ表示アリ
タルトキハ此ノ限ニ在ラズ
第九十七條　夜間自動車ヲ運轉スルモノハ制規ノ燈火ヲ点ジ他ノ自
動車ト行違フ場合ハ眩惑セシメサル為前面燈火ノ光度ヲ減ジ

No.

若ハ一時停滞シテ両側燈ヲ点スベシ、夜間道路其ノ他公衆ノ立入ル場所ニ自動車ヲ停車セシメタルトキハ其ノ所在ヲ明瞭ナラシムル為適当ナル燈火ヲ点ズベシ

第九十八条　運転者ハ酒気ヲ帯ビテ自動車ヲ運転シ又ハ運転中ニ喫煙スベカラズ

第九十九条　左ノ場所ニ於テハ交通上已ムヲ得ザル場合ヲ除クノ外自動車ヲ停車シ又ハ駐車スルコトヲ得ズ

一、道路ノ交叉点又ハ曲角ヨリ五米以内

二、横断歩道

三、安全地帯ノ左側

No.

四、第各号ノ外縣長ノ指定シタル場所

左ノ場所ニ於テハ交通上已ムヲ得サル場合ヲ除クノ外自動車ヲ駐車スルコトヲ得ズ

一、隧道又ハ橋梁

二、消防署、消防出張所、消防機具置場ノ直前及其ノ両端ヨリ三米以内

三、火災報知機又ハ消火栓ヨリ三米以内

四、第各号ノ外縣長ノ指定シタル場所

第百條　縣長必要アリト認ムルトキハ時間又ハ自動車ヲ指定シテ駐車ヲ制限スルコトヲ得

No.

第百一條 縣長必要アリト認メタルトキハ一定区域内ニ於テ時間ヲ定メ又ハ定メズシテ駐車場ヲ指定スルコトヲ得

前項ノ指定アリタルトキハ運轉者ハ其ノ区域内及時間内ニ於テハ駐車場以外ノ場所ニ駐車スルコトヲ得ズ

第百二條 自動車ノ停車又ハ駐車ハ已ムヲ得ザル場合ヲ除クノ外道路ノ左側端ニ於テ交通ノ方向ニ從ヒ之ヲ為スベシ

縣長ハ前項ノ規定ニ拘ラズ別ニ停車又ハ駐車ノ方法ヲ命ズルコトヲ得

第百三條 運轉者停車中又ハ駐車中ノ自動車ヲ離ルルトキハ停止状態ヲ保持シ得ル措置ヲ為シ且已ムヲ得ザル場合ヲ除クノ外

機関ノ回轉ヲ停止スベシ

第百四條　運轉者ハ自動車ヲ運轉シ停留中ノ電車ノ側方ヲ通行セントスルトキハ一時停車シ電車ノ発車シタル後進行スベシ但シ乗客ノ乗降終了シタル場合、安全地帯ノ設アル場合又ハ電車ノ左方ニ自動車ト一・五米以上ノ間隔ヲ存スル場合ニ於テハ徐行スルコトヲ得

第百五條　運轉中悪臭若ハ有害ノ瓦斯又ハ煤煙ヲ多量ニ発散セシムベカラズ

排氣瓦斯ハ消音装置ヲ經ズシテ排出セシムベカラズ但シ急坂路ニ於テ運轉上已ムヲ得ザル場合ハ此ノ限リニ在ラズ

第百六條　警音機ハ交通安全ノ為必要ナル限度ヲ超エテ之ヲ

No.

使用シ又ハ運轉中甚シキ騒音ヲ発セシムルベカラズ
第七條　自動車ニ依リ人ヲ傷害シ又ハ物件ヲ損壊シタルトキハ運轉者ハ直ニ其ノ運轉ヲ中止シ被害者ノ救護其ノ他ニ付必要ナル應急ノ措置ヲ為スベシ
運轉者ハ前項ノ措置ヲ了シ且本人、雇主及自動車使用主ノ住所、氏名及車輛番号ヲ警察官吏ニ申告シ警察官在ラザルトキハ被害者又ハ其ノ同伴者ニ通告スルニ非ザレバ自動車ノ運轉ヲ継續スルコトヲ得ズ
消防自動車、乘合自動車、郵便自動車、救急自動車又ハ傷病人運搬自動車ノ運轉ハ乘務員其ノ他ノ従事員ヲシテ第二項ノ措

No.

置ヲ為サズシテ自動車ノ運転ヲ継続スルコトヲ得

前二項ノ規定ニ依リ被害者又ハ其ノ同伴者ニ通告シテ自動車ノ運転ヲ継続シタル場合ニ於テハ運転者ハ遅滞ナク前各項ノ事実ヲ最寄警察官吏ニ申告スベシ

乗用者ハ運転者又ハ従事員ガ前各項ノ規定ニ依ル措置ヲ為スニ付之ヲ妨グルコトヲ得ズ

第八章　車輌ノ牽引

第四八條　自動車ニ依リ他ノ車輌ヲ牽引スル場合ハ左ノ制限ニ依ルベシ

一、牽引装置其ノ他車輌ノ牽引ニ適スル構造ヲ有スル自動車

No.

ニ依リ牽引スルコト

二、被牽引車ハ幅二・二米高サ三米以内トシ牽引車ト被牽引車トノ連結シ全長十二米以内タル事

三、積荷ハ牽引車及被牽引車ノ幅、牽引車ノ前方又ハ被牽引車ノ後方一米若ハ其ノ高サ地上三・五米ヲ超エテ之ヲ積載セザルコト

四、被牽引車ノ輪帯ハ護謨製ノモノタル事

五、被牽引車ニハ運転者牽引車ニ在ラザルトキ停止状態ヲ保持シ得ベキ制動装置ヲ備ヘ尚ニ條ノ規定ニ準ジ措置スルコト

No.

六、被牽引車ニハ制動装置ノ操作ヲ為ス者ヲシテ乗車セシムルコト
但シ運転者ノ座席ヨリ操作スルコトヲ得ル制動装置ヲ有スルモノニ
在リテハ此ノ限リニ在ラズ
七、制動距離ハ牽引車ト被牽引車トヲ連結シタル場合乾燥セル水
平道路ニ於テ最高速度制限毎時二十五粁ノモノニ在リテハ走行速度
毎時二十五粁ノトキ十米、最高速度制限毎時十六粁ノモノニ在リテハ
走行速度毎時十六粁ノトキ六米ヲ超エザルコト
八、被牽引車ノ後面ノ相当光度ヲ要スル赤色ノ尾燈一箇以上ヲ
備ヘ夜間之ヲ点燈スルコト
九、被牽引車ノ後面見易キ箇所ニ牽引車ノ車輛番号ヲ標

No.

シ夜間二十五米ノ距離ニ於テ之ヲ明瞭ニ認メ得ベキ燈火ヲ以テ照明スルコト

十、第二号ニ規定スル燈火ハ運転者ノ座席ヨリ之ヲ消燈シ得ザル装置トナスコト

十一、最高速度ハ牽引車及被牽引車ノ全車輪ニ空気入輪帯ヲ使用シ運転者ノ座席ヨリ牽引車及被牽引車ノ全車輪ヲ制動スルモノニ在リテハ毎時二十五粁其ノ他ノモノニ在リテハ毎時十二粁トスルコト

前項ノ規定ニ依ル積荷ノ制限ヲ超ヘ分割スル事ヲ得ザル者ヲ積載スル場合ハ出発地轄長ノ許可ヲ受クベシ

ヨ－0022　B列5　28字×10　南満洲鉄道株式会社　(13. 9. 10,000 …)

No.

事故ニ因リ他ノ車輛ヲ牽引スル場合ハ前二項ノ制限ニ依ラザル事ヲ得此ノ場合ニ於テハ運轉者ハ遅滞ナク其ノ旨ヲ最寄警察官吏ニ申告スベシ

第百九條　省長必要アリト認ムルトキハ前條第一項ノ規定ニ拘ラズ特別ノ制限ヲ命ズルコトヲ得

第九章　罰則

第百十條　第三十條（車輛検査）第四十八條（運轉免許）第六十三條（就業免許）第七十一條（車庫建設）及第百七條（事故ノ處置）ノ規定ニ違反シタル者又ハ第四十三條（車輛検査ニ因ル禁停止）第六十七條（運轉免許ノ取消停止）第六十八條第三項（就業地変更禁止）

No.

第六十九條（就業免許ノ取消停止）第七十五條（営業建設許可取消）及第八十三條（車輛使用ノ禁停止）ノ規定ニ依ル省長又ハ縣長ノ處分ニ違反シタル者ハ三月以下ノ徒刑又ハ拘役若ハ二百円以下ノ罰金ニ處ス

第百十一條　過失ニ因リ前條ノ罪ヲ犯シタル者ハ十五日以下ノ拘役又ハ十五円以下ノ罰金ニ處ス

第百十二條　左ニ掲グル者ハ一月以下ノ拘役又ハ三十円以下ノ罰金ニ處ス

一、故意又ハ過失ニ因リ第三十九條（構造装置ノ保全）第三十八條（使用地変更手續）第七十九條（使用主変更手續）第四十條（検査證番号

ノ標示）第四十一條（変更検査）第四十四條（使用主ノ住所氏名
車輌又ハ車輌置場ノ変更）第四十五條（検査証ノ亡失毀損手続）
第四十六條（車輌検査証ノ返納提出）第五十七條（營業免許証
ノ携帯）第五十八條（營業地変更手続）第五十九條（營業住所
氏名変更手続）第六十條（營業免許証ノ亡失毀損手続）第六十二
條（營業免許証ノ返納提出）第七十二條第二項（車夫使用認可）第
七十四條（車輌内掲示事項）第七十六條（車輌ノ譲受、相続）第七十
七條（車夫使用認可証ノ亡失毀損手続）第七十八條（車夫廃止制限）
第七十九條（車夫ノ使用廃止手続）第八十條（傭車夫人ノ所在不明）
第八十一條（梳納禁止）第八十二條（車夫管理人）第八十四條（車夫

ヨ-0022　B列5　28字×10　南満洲鐵道株式會社　（13. 8. 10,000　結川納）

No.

内遵守事項）第八十六條第一項（道路制限）第八十八條（安全ナル速度、方法）第八十九條（道標表示）第九十條（乗車定員、積載ノ嚴守）第九十一條（自動車格納）第九十三條（避讓）第九十四條（同上）第九十五條（追越）第九十六條（踏切通行）第九十七條（燈火）第九十八條（油氣黑煙）第九十九條（停車駐車ノ制限）第百二條第一項（停車駐車ノ方法）第百三條（停止狀態保持）第百四條（電車ノ側方通行）第百五條（瓦斯煤煙）第百六條（警音取締）第百八條第一項（車輌ノ牽引）ノ規定ニ違反シタル者

二、故意又ハ過失ニ因リ第八十六條第四項（道路制限）第百一條

No.

第一項（駐車場指定）及第百九條（車輛牽引特別制限）ノ規定ニ依ル署長又ハ驛長ノ命令若ハ處分ニ違反シタル者又ハ第百條ノ規定ニ依リ驛長ノ定メタル駐車ニ關スル時間若ハ自動車ノ制限又ハ第百二條第二項ノ規定ニ依リ驛長ノ命シタル停車若ハ駐車ノ方法ニ違反シテ自動車ヲ停止シ又ハ駐車シタル者

三、故意又ハ過失ニ因リ第八十七條第一項第二項ニ規定スル最高速度ノ制限又ハ同條第三項第五項ノ規定ニ依リ署長又ハ驛長ノ定メタル最高速度ノ制限ヲ超エテ自動車ヲ運轉シタル者

四、故意又ハ過失ニ因リ第四十二條ノ規定ニ依ル検査ヲ拒ミ又ハ検査ヲ受クルコトヲ怠リタル者

第百十三條　第六十二條（運轉免許証ノ返納提出）ノ違反ニ對スル罰則ノ規定ハ就業免許ニ付之ヲ準用ス

第百十四條　自動車ノ使用主又ハ賃車運營業者ニシテ未成年者又ハ禁治産者ナルトキハ本規則又ハ本規則ニ基キテ発スル命令ニ依リ之ニ適用スベキ罰則ハ之ヲ其ノ法定代理人ニ適用ス但シ營業ニ関シ成年者ト同一ノ能力ヲ有スル未成年者ニ付テハ此ノ限ニ在ラズ

自動車ノ使用主ニシテ法人ナルトキハ本規則又ハ本規則ニ基キテ発スル命令ニ依リ之ニ適用スベキ罰則ハ之ヲ法人ノ代表者ニ適用ス

No.

第四十五條　自動車ノ使用主ハ其ノ代理人、戸主、家族、同居者、雇人其ノ他ノ從業者ニシテ使用主ニ關スル本規則又ハ本規則ニ基キテ発スル命令ノ規定ニ違反シタルトキハ自己ノ指揮ニ出テサルノ故ヲ以テ其ノ處罰ヲ免ルルコトヲ得ズ

附則

第四十六條　本規則ハ康德三年六月一日ヨリ之ヲ施行ス

第四十七條　本規則施行前ニ車輛検査ニ合格シタル自動車ハ本規則ニ依リ車輛検査ニ合格シタル自動車ト看做ス、但シ其ノ検査証ノ有效期間ハ之ヲ變更セズ

前項ノ自動車ノ使用主ハ本規則施行ノ日ヨリ六月以内ニ主タル使用地

ヨ-0022　B列5　28字×10　南滿洲鐵道株式會社　（13. 9. 10,000　鮎川納）

No.

ノ省長ニ申請シ本規則第二條ノ規定ニ依ル自動車ノ種別ニ付指定ヲ受ケ且検査証ニ其ノ旨記入ヲ受クベシ

第百十八條　本規則施行ノ際現ニ使用スル自動車ノ構造装置ニ付テハ本規則施行ノ日ヨリ六月以内ハ本規則又ハ本規則ニ基キテ発スル命令ノ制限ニ拘ラズ従前ノ規定ニ依ルコトヲ得

第百十九條　本規則施行ノ際現ニ運転免許ヲ有スル者ハ本規則施行ノ日ヨリ三月以内ニ省長ニ申請シ免許証ノ書換ヲ受クベシ但シ免許ノ有效期間ハ之ヲ変更セズ

第百二十條　本規則施行ノ際現ニ普通自動車ニ付運転免許ヲ有スル者ハ本規則ノ規定ニ依リ就業免許ヲ受ケタル者ト看做ス

No.

前項ノ規定ニ該当スル者ハ本規則施行ノ日ヨリ三月以内ニ主タル就業地ノ省長ニ申請シ運轉免許證ニ其ノ旨記入ヲ受クベシ

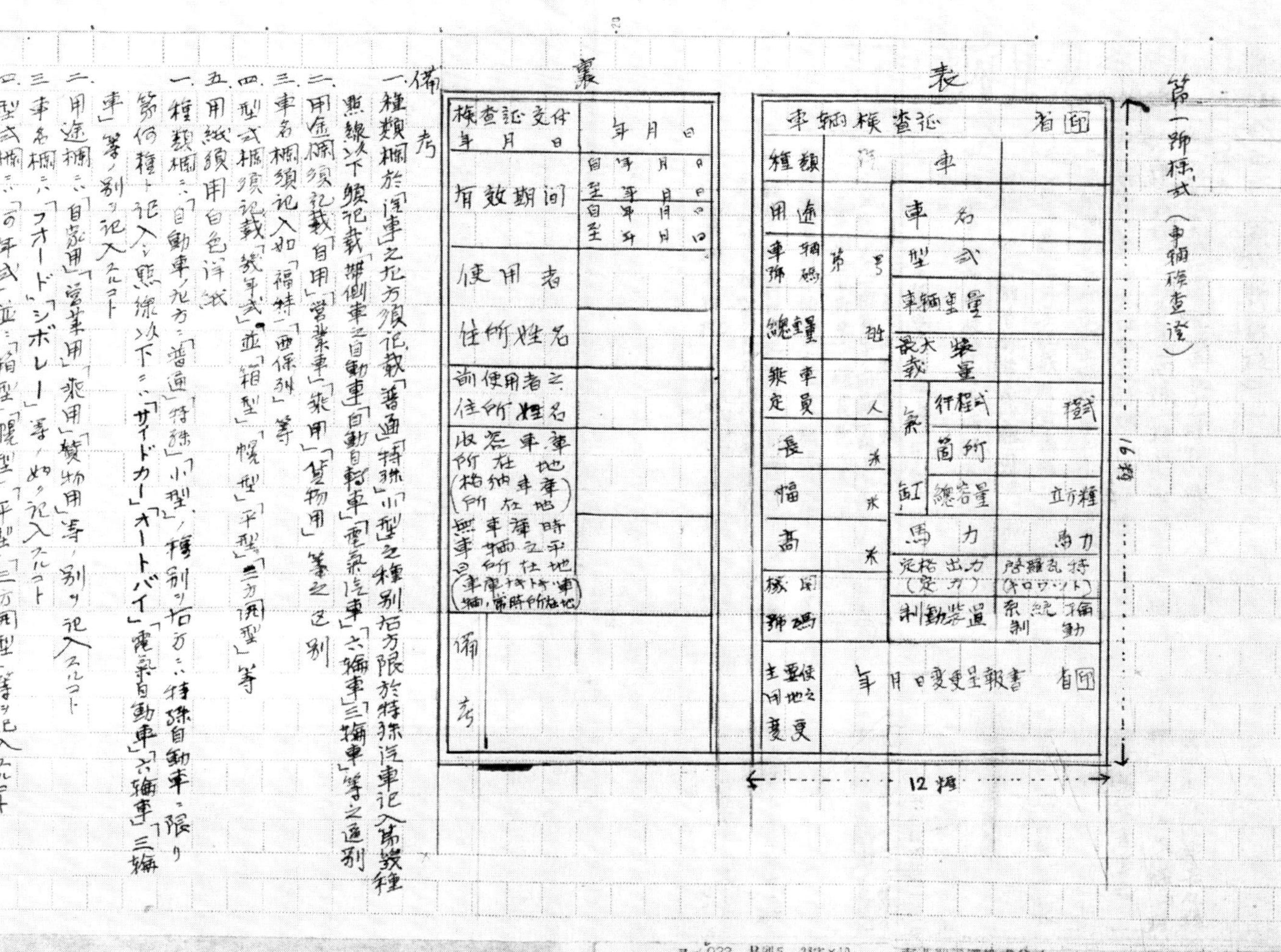

第一號樣式（車輛檢查證）

表

車輛檢查證				省印
種類	車			
用途		車名		
車輛番號	第　号	型式		
總重量	瓲	車輛重量		
乘車定員	人	最大積載量		
長	米	氣筒	行程式	揮發
幅	米		箇所	
高	米		總容量	立方糎
機関番號		馬力		馬力
		定格出力（定力）	瞬間出力（キロワット）	
		制動裝置	系制	手動
主要使用地之變更	年月日變更呈報書			省印

裏

檢查證交付年月日	年　月　日
有效期間	自　年　月　日 至　年　月　日 自　年　月　日 至　年　月　日
使用者 住所姓名	
前使用者之住所姓名	
收容車庫所在地（格納車庫所在地）	
無車庫時車輛之平時所在地（車庫ナキトキハ車輛ノ常時所在地）	
備考	

16糎 × 12糎

備考

一、種類欄於汽車之九方須記載「普通」「特殊」「小型」之種別右方限於特殊汽車記入「第幾種」黒線以下須記載「側車付自動車」「自動自転車」「電氣汽車」「六輪車」「三輪車」等之區別

二、用途欄須記載「自用」「營業車」「乘用」「貨物用」等之區別

三、車名欄須記入如「福特」「西保列」等

四、型式欄須記載「幾年式」並「箱型」「幌型」「平型」「三方開型」等

五、用紙須用白色洋紙

一、種類欄ニハ自動車ノ九方ニ「普通」「特殊」「小型」ノ種別ヲ右方ニハ特殊自動車ニ限リ第何種ト記入シ黒線以下ニハ「サイドカー」「オートバイ」「電氣自動車」「六輪車」「三輪車」等ノ別ヲ記入スルコト

二、用途欄ニハ「自家用」「營業用」「乘用」「貨物用」等ノ別ヲ記入スルコト

三、車名欄ニハ「フォード」「シボレー」等ノ如ク記入スルコト

四、型式欄ニハ「何年式」並ニ「箱型」「幌型」「平型」「三方開型」等ヲ記入スルコト

五、用紙ハ白色洋紙ヲ用フルコト

ヨ-0022　B列5　25字×10　南滿洲鐵道株式會社

No.

第一節様式之二（車輛號碼校）

新1.234

備考

一、數字之大小在普通汽車長十二粍幅六粍粗一、八粍各字之間隔一、五粍在特殊汽車長九粍幅五粍粗一、二粍各字之間隔一粍在小型汽車長八粍幅四、五粍粗一粍各字之間隔一粍普通汽車須黒地白書特殊汽車須青地白書小型汽車須橙黄色黒連書之

二、車輛號碼在千位以上時數字之大小同但須記入小數點

三、數字以亜拉伯文字記載於金属板上冠以各省名頭字其字大小須比數字之大小稍小但限於首都警察廳冠以「新」字

四、前面車輛號碼校準於本式様省長定之

一、數字ノ大サハ普通自動車ハ長サ十二粍、幅六粍、大サ一、八粍、各字ノ間隔一、五粍特殊自動車ハ長サ九粍、幅五粍、大サ一、二粍各字ノ間隔一粍、小型自動車ハ長サ八粍幅四、五粍、大サ一粍各字ノ間隔一粍トシ普通自動車ハ黒地ニ白書、特殊自動車ハ青地ニ白書、小型自動車ハ橙黄色ニ黒ニテ書スルコト

二、車輛番號ノ千位以上ナルトキハ數字ノ大サト同「コンマ」ヲ入レルコト

三、數字ハ亜拉伯文字ヲ以テ金属板ニ記載シ各省名ノ頭文字ヲ冠セシメ其ノ大サハ數字ノ大サヨリ稍小サクスルコト但シ首都警察廳ニ限リ「新」ノ字ヲ冠セシムベシ（[中央省ハ「中」、安東省ハ「安東」、首都警察ナハ「首」、……ハ「哈」ノ字ヲ冠セシムベシ]）

四、前面車輛番號校ハ本様式ニ準シ省長之ヲ定ム

ヨ-0022　B列5　28字×10　南滿洲鐵道株式會社　（13. 9. 10,000 鮎川網）

No.

第二号标式（车室内车辆号码板）

车辆 号码	1.234

4糎

15糎

备考

一、白地黑书文字之大小依省长所定

（一、白地ニ黒書シ文字ノ大サハ省長ノ定ムルトコロニ依ル）

No.

第三號樣式（一時運轉許可標板）

第1號

一時運轉許可標板

何縣

18糎

25糎

備考

一、標板須用金属製白地黒書
二、斜線幅為三糎須赤書之
三、文字之大小依省長所定

一、標板ハ金属製ノモノヲ用ヒ白地ニ黒書スルコト
二、斜線ハ幅三糎トシ赤書スルコト
三、文字ノ大サハ省長ノ定ムルトコロニ依ル

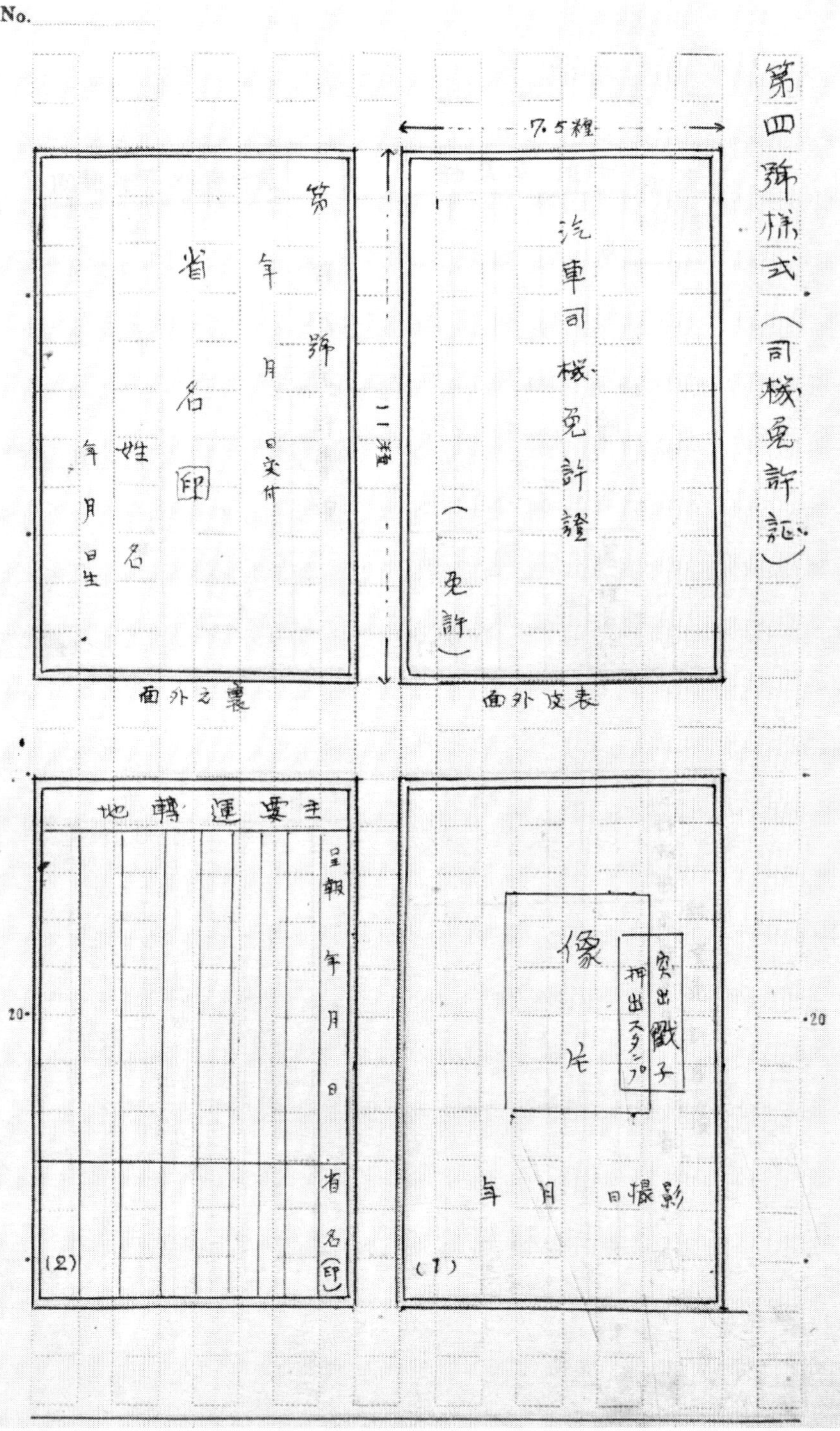
No.
第四號樣式（司機免許証）
7.5糎
11糎
汽車司機免許證
（免許）
面外ㄊ表
第　號
年　月　日交付
省名
印
姓名
年月日生
面外之裏
主要運轉地
呈報
年月日
有名
印
(2)
像片
突出戳子
押出スタンプ
年　月　日撮影
(1)

No.

本籍	住所之異動
住所	
異動	
處理者㊞	

(3)

司機免許事項	
免許種別	
有效期間	自　年　月　日 至　年　月　日

(4)

就業免許事項	
免許號碼	
免許年月日	
省名㊞	

(5)

備考

(6)

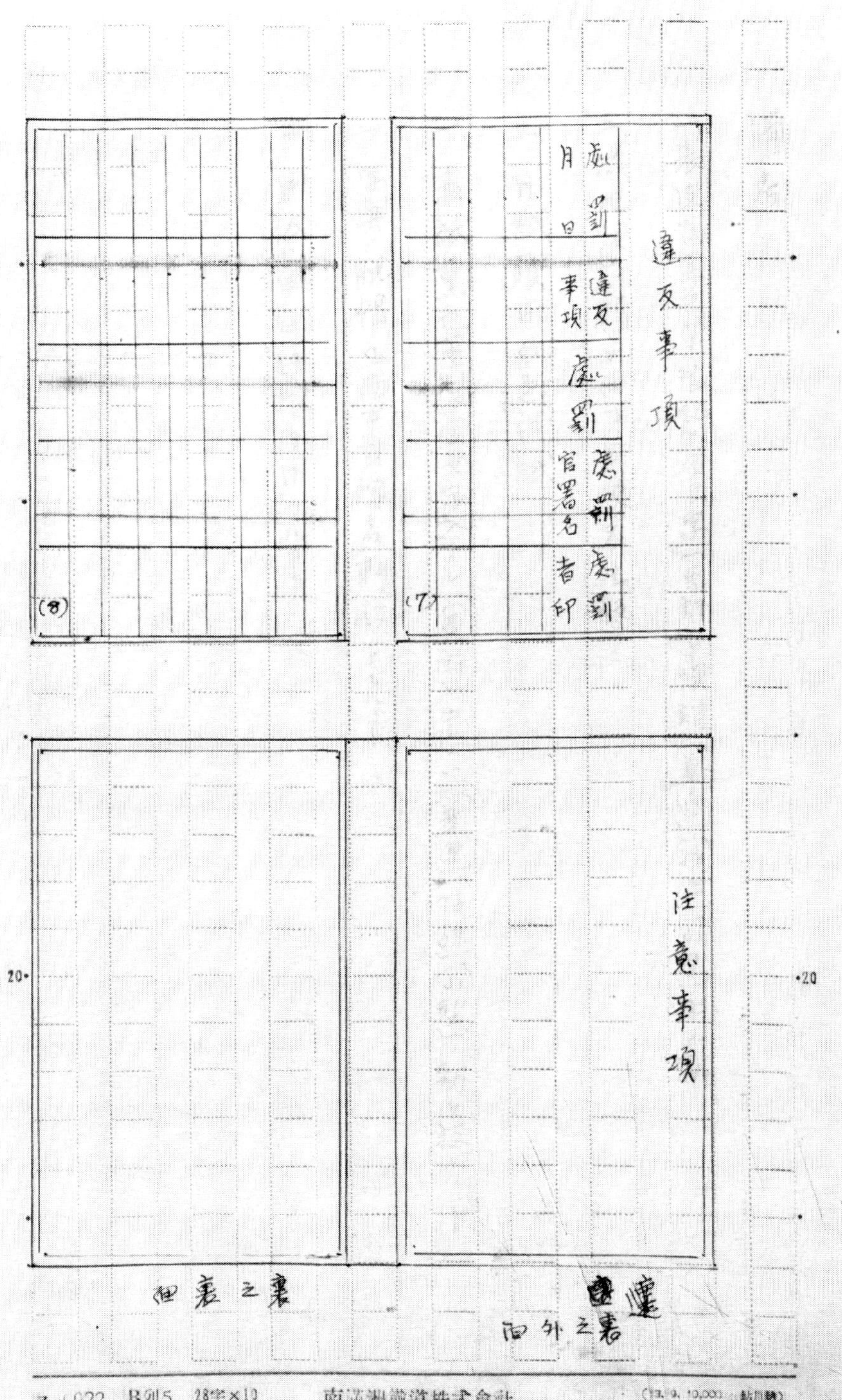
No.

違反事項

処罰月日

違反事項

処罰

処罰官署名着印

処罰

処罰

(7)

(8)

注意事項

面裏之裏

面外之表

ヨ-0022　B列5　28字×10　南滿洲鐵道株式會社　(13.9. 10,000 結川納)

No.

備考

一、表皮為黒色革製記（金文字）（免許）中須設（普通）（特殊）（小型）之区別

二、像片須脱帽正面半身像名片版

三、用紙須用白色洋紙

一、表紙ハ黒色革製金文字入トシ（免許）中ニハ（普通）（特殊）（小型）ノ別ヲ設クルコト

二、写真ハ脱帽、正面半身像名刺版トスルコト

三、用紙ハ白色洋紙ヲ用フルコト

ヨ-0022　B列5　28字×10　南満洲鐵道株式會社　（13. 9. 10,000 鮎川納）

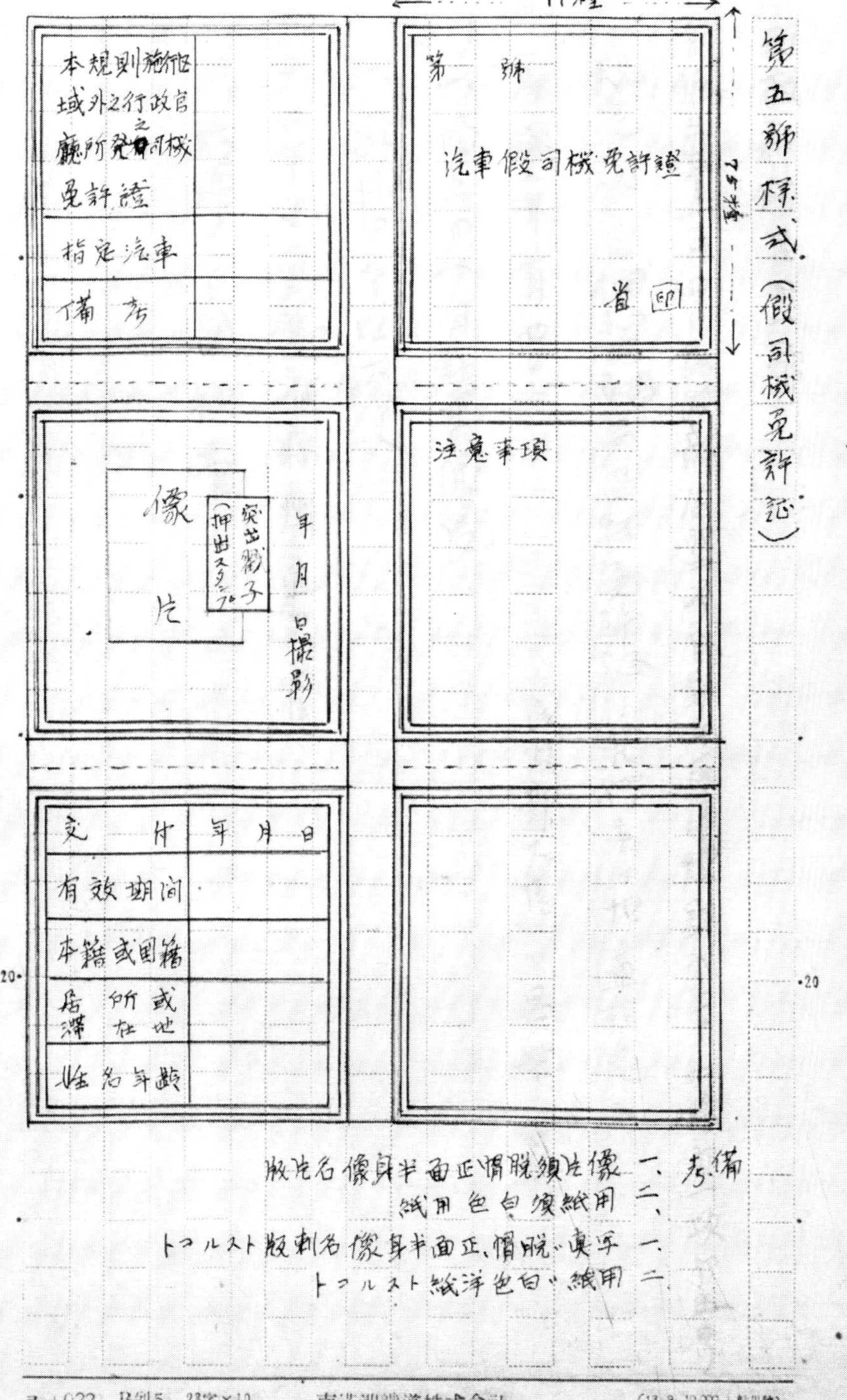

No.

第五號樣式（假司機免許證）

11糎　7.5糎

第　　號

汽車假司機免許證

省　印

注意事項

本規則施行區域外之行政官廳所發之司機免許證

指定汽車

備考

像片

突出粘子（押出スタンプ）

年月日撮影

交付	年　月　日
有效期間	
本籍或國籍	
居所或滯在地	
姓名年齡	

備考　一、像片須脱帽正面半身像名片版

二、用紙須白色用紙

一、写真ハ脱帽、正面半身像名刺版トス

二、用紙ハ白色洋紙トス

ヨ-0022　B列5　28字×10　南滿洲鐵道株式會社　（13.9.10,000）

No.

民政部佈告第一號

康德三年一月四日民政部令第二号自動車取締規則第五十二條第一項第五号ノ規定ニ依ル技術証明書及運轉免許証ノ発行者ヲ左ノ通指定ス

康德三年一月四日　民政部大臣　呂榮寰

一、獨立第一自動車隊長

一、駐満日本国大使

一、日本内地各廳、府、縣、州道長官

一、駐満日本国領事

No.

民政部布告第二號

康徳三年一月四日民政部令第二號自動車取締規則第四十九條第三項ニ依ル特殊自動車ノ種類ヲ左ノ通定ム

康徳三年一月四日　民政部大臣　呂榮寰

第一種　牽引自動車

牽引装置ヲ有シ常ニ他ノ車輛ヲ牽引スルコトヲ目的トスルモノ

第二種　ロード、ローラー種類

ロードローラー、グレーダー及耕作用自動車ノ類

第三種　蒸氣自動車

蒸汽機関ヲ原動機トシテ前各種ニ属セザルモノ

No.

第四種　電氣自動車
電動機ヲ原動機トシテ前各種ニ屬セザルモノ
第五種　ハノマーク型自動車ノ數
第二輛ニ依ル操向裝置ヲ有シ差動裝置ヲ有セザルモノニシテ前各種ニ屬セザルモノ
第六種　自動自轉車ノ數
第一輛ニ依リ操向スル自動自轉車、自動三輪車、側車附自動自轉車、後車附自動車自轉車ノ數ニシテ前各種ニ屬セザルモノ
第七種　其ノ他ノ特種自動車
前各種ニ屬セザルモノ

No.

民政部令第三號

茲ニ自動車車体検査及同運轉免許試験及其ノ他ノ手数料規則ヲ左ノ通制定ス

康徳三年一月四日

民政部大臣　呂栄寰

自動車車体検査及同運轉免許試験其ノ他手数料規則

第一條　自動車取締規則第三十一條及第四十一條ノ規定ニ依リ自動車ノ車輌検査ヲ受ケントスル者ハ自動車一輌ニ付金二円ノ手数料ヲ納付スベシ

第二條　自動車取締規則第三十五條、第三十九條及第四十五條ノ規定ニ依

No.

リ車輌検査証ノ書換又ハ再交付ヲ受ケントスル者ハ左ノ区別ニ依リ手数料ヲ納付スベシ

一、車輌検査證ノ毀損ニ依ル書換　　金五十銭

一、車輌検査証ノ紛失（盗難、焼失、遺失ヲ含ム）ニ依ル再交付　金一円

一、其ノ他ノ書換　　金五十銭

第三條　自動車取締規則第五十一條及第六十五條ノ規定ニ依リ自動車運轉免許並ニ就業免許試験ヲ受ケントスル者ハ左ノ区別ニ依リ手数料ヲ納付スベシ

一、普通免許　　金三円

一、特殊免許　　金二円

一、小型免許　金一円

一、就業免許　金一円

第四條　自動車取締規則第六十條ノ規定ニ依リ自動車運轉免許証ノ書換又ハ再交付ヲ受ケントスル者ハ左ノ区別ニ依リ手数料ヲ納付スベシ

一、免許ノ有效期間満了ニ依ル書換及毀損ニ依ル書換　金一円

一、免許証ノ紛失（盗難、燒失、滅失ヲ含ム）ニ依ル再交付　金二円

第五條　本規則ニ依リ納付シタル手数料ハ之ヲ還付セズ

第六條　本規則ニ依ル手数料ノ納付ハ總テ收入印紙ヲ以テスベシ

附則

本規則ハ康德三年二月一日ヨリ之ヲ施行ス

No.　タイプライター原稿用紙

⊙自動車車体検査及同運転免許試験其他ノ手数料規則

（康徳三年一月四日
民政部令第三号）

茲ニ自動車車体検査及同運転免許試験及其ノ他ノ手数料規則ヲ左ノ通制定ス

自動車車体検査及同運転免許試験其ノ他手数料規則

第一條　自動車取締規則第三十一條及第四十一條ノ規定ニ依リ自動車ノ車輌検査ヲ受ケントスル者ハ自動車一輌ニ付金二円ノ手数料ヲ納付スベシ

第二條　自動車取締規則第三十五條、第三十九條及第四十五條ノ規定ニ依リ車輌検査證ノ書換又ハ再交付ヲ受ケントスル者ハ左ノ区別ニ依リ手数料ヲ納付スベシ

一、車輌検査證ノ毀損ニ依ル書換　金五十銭

一、車輌検査證ノ紛失（盗難、焼失、遺失ヲ含ム）ニ依ル再交付　金一円

一、其ノ他ノ書換　金五十銭

第三條　自動車取締規則第五十一條及第六十五條ノ規定ニ依リ自動車運転免許並ニ就業免許試験ヲ受ケントスル者ハ左ノ区別ニ依リ手数料ヲ納付スベシ

一　普通免許　金三円

一　特殊免許　金二円

一　小型免許　金一円

一　就業免許　金一円

第四條　自動車取締規則第六十條ノ規定ニ依リ自動車運転免許證ノ書換又ハ再交付ヲ受ケントスル者ハ左ノ区別ニ依リ手数料ヲ納付スベシ

一　免許ノ有効期間満了ニ依ル書換及毀損ニ依ル書換　金一円

一　免許證ノ紛失（盗難、焼失、遺失ヲ含ム）ニ依ル再交付　金二円

第五條　本規則ニ依リ納付シタル手数料ハ之ヲ還付セズ

第六條　本規則ニ依ル手数料ノ納付ハ總テ収入印紙ヲ以テスベシ

No　タイプライター原稿用紙

附　則

右規則ハ康徳三年二月一日ヨリ之ヲ施行ス

No.

自動車交通事業ニ関スル打合會決定事項（一九三三年八月二十二日）

昭和八、二、二〇、
関東軍特務部

一、満洲國当局者ニ対シ至急自動車交通事業法並附属法規ノ制定ヲ要求ス

二、本事業經営ニ関スル出願書類ハ至急中央（満洲國交通部）ニ提出セシメ之カ免許ノ許否ニ付テハ軍ノ決定セル自動車交通事業統制案ニ則リ差当リ軍ト満洲國当局者ト協議ノ上決定ス

三、前項ノ取扱ハ既出願路線ニ対スル應急處置ニシテ自動車交通事業統制案ホニ項中但書ニ依ル路線ノ選定ハ今後本事業免許ニ関スル根本方針決定上緊要ニ付至急研究ノ上選定シ之ヲ満洲國当局者ニ公示ス

ヲ－0022　B列5　28字×10　南満洲鐵道株式會社　（15.7.8.400）

No.

自動車取締規則標準

第一章　通則

第一條、本規則ハ道路ニ於テ運轉スル自動車ニ之ヲ適用ス

本規則ニ於テ自動車ト稱スルハ独立ノ原動機ヲ用ヰ軌條ニ依ラズシテ運轉スル車輛ヲ謂フ

第二條、自動車ノ種類ヲ普通自動車、特殊自動車及小型自動車ノ三種ニ区分ス

第三條、本規則ニ於テ普通自動車ト稱スルハ内燃原動機、差動裝置及前ニ輪ニ依ル操向裝置ヲ具備シ車輛重量三百六十瓩以上ニシテ主トシテ人又ハ貨物ヲ運搬スル構造ヲ有スル自動車

ヨ－0022　B列5　28字×10　南滿洲鐵道株式會社　(15. 10. 7.500冊)

No.

ノ内小型自動車ニ非ザルモノヲ謂フ

本規則ニ於テ特殊自動車ト稱スルハ普通自動車又ハ小型自動車ニ非ザル自動車ヲ謂フ牽引自動車ハ之ヲ特殊自動車ト看做ス

本規則ニ於テ小型自動車ト稱スルハ左ノ制限ヲ超エザル自動車ヲ謂フ

一 車輛ノ長、二・八米 幅、一・二米 高、一・八米

二 内燃機関ヲ原動機トスルモノニ在リテハ四行程式ヲ用ウルモノハ氣筩容積ノ合計七百五十立方糎、二行程式ヲ用ウルモノハ氣筩容積合計五百立方糎

No.

三　電動機ヲ原動機トスルモノニ在リテハ一時間ノ定格出力
四・五キロワット
第四條　本規則ニ於テ車輛重量ト稱スルハ燃料油槽、潤滑油槽
及冷却水槽ヲ充満シタル状態ニ於ケル自動車ノ重量ヲ謂フ
自動車重量ト稱スルハ車輛重量、最大積載量、六十瓩ニ乗車
定員ヲ乗ジタル重量ノ總和ヲ謂フ

第二章　構造装置

第五條　車輛ノ長ハ七・五米幅ハ二・二米高ハ三米ヲ超ユルコ
トヲ得ズ但シ特別ノ事由アルモノニシテ縣長ノ許可ヲ受ケタ
ル場合ハ此ノ限ニ在ラズ

No.

第六條　又操向車輛ニ懸ル重量ハ（自動車ガ水平面ニアルトキ）其ノ總重量ノ二割以上タルコトヲ要ス

側車附自動自轉車ニ在リテハ側車ノ車輛ニ懸ル重量ハ其ノ總重量ノ三分ノ一以内タルコトヲ要ス

第七條　車輛重量、三百六十貫以上ノ自動車ニ在リテハ逆行裝置ヲ備フベシ

第八條　蒸氣瓦斯又ハ油其ノ他爆發性若ハ可燃性ノモノヲ容ルベキ器管及氣筩並ニ電氣裝置等ハ堅牢ニシテ漏洩又ハ危険ノ虞無キモノタルコトヲ要ス

第九條　車輛運轉ニ際シ甚シキ騒音ヲ發シ又ハ悪臭若ハ有害ノ

ヨ－0022　B列5　28字×10　南滿洲鐵道株式會社　(15. 10. 7,500冊 一番編納)

No.

瓦斯又ハ煤煙ヲ多量ニ發散セザル構造ニシテ且排出瓦斯又ハ煤煙ノ車内室ニ侵入セザルモノタルコトヲ要ス

第十條　排氣管ニハ適當ナル消音装置ヲ備フベシ

第十一條　動力調節装置、制動装置、操向装置及變速装置ハ機能確實ニシテ且容易ニ操縦シ得ベキモノタルコトヲ要ス

第十二條　制動装置ニ付テハ左ノ各号ニ從フベシ

一　各独立ニ作用スベキ二系統以上ノ制動装置ヲ備フルコト

但シ総重量二千五百瓩未満ノ制動装置ニシテ四箇以上ノ車輪ヲ制動力ノ傳達ニ流動壓力ヲ用ヒザルモノニ在リテハ一系統ト為スヲ妨ゲズ

No.

二　運轉者自動車ニ在ラザルトキ停止狀態ヲ保持シ得ル構造
ヲ有スルコト

第十三條　前照燈ニ付テハ左ノ各号ニ從フベシ

一　車輛ノ前面兩側ニ各一箇ヲ備フルコト

二　五十米ノ前方ニアル交通上ノ障害物ヲ明瞭ニ認メ得ベキ
光度ヲ有スルコト

三　主要光線ノ限界ハ前方ニ十五米以内ニ在リテハ地上一・
二米ヲ超エザルコト

第十四條　車輛ノ後面ニハ相当光度ヲ有スル赤色ノ尾燈一箇以
上及夜間ニ十五米ノ距離ニ於テ後面車輛番号ヲ明瞭ニ認メ得

No.

ベキ燈火ヲ備フベシ

前項ノ燈火ハ運轉者ノ座席ヨリ消燈シ得ザル裝置ト為スベシ

第十五條　運轉者見易キ箇所ニ速度計ヲ備フベシ

第十六條　軟調ノ音響ヲ發スル警音器ヲ備フベシ但シ消防自動車及救急自動車ニ在リテハ之ニ異リタル警音器ヲ備フルコトヲ得

第十七條　輪帶ハ護謨製タルコトヲ要ス

第十八條　轍鎖ヲ準備シ必要ニ應シ取附ケ得ル裝置ヲ為スベシ

第十九條　縣長ハ危害豫防上其ノ他必要ト認ムルトキハ前各條以外ノ構造裝置ヲ命シ又ハ本規則ニ規定スルモノノ外車輛ノ燈火若ハ塗色ノ制限ニ付規定ヲ設クルコトヲ得

No.

第二十條　自動自轉車、側車附自動自轉車又ハ小型自動車タル自動三輪車ノ構造装置ニ付テハ前各條ノ規定ニ拘ラズ左ノ制限ニ依ルコトヲ得

一　一系統ノ制動装置ヲ備フルコト

二　前照燈ハ一箇以上ヲ備フルコト

三　車輛番号ハ車輛ノ後面ニ標示スルコト

第二十一條　運轉者ハ其ノ構造装置ニ付危害ヲ防止スルニ必要ナル注意ヲ為スベシ

第三章　検査

第二十二條　自動車ハ車輛検査ニ合格シ車輛番号ノ指示ヲ受ケ

No.

タルモノニ非サレバ之ヲ運轉スルコトヲ得ズ但シ検査、試運轉、廻送等ノ為一時自動車ヲ運轉スルハ此ノ限ニ在ラズ

第二十三條　車輛検査ハ使用者ノ申請ニ依リ主タル使用地ノ縣長之ヲ行フ

第二十四條　車輛検査ニ合格シタルトキハ車輛検査證ヲ交付シ車輛記号番号ヲ指示ス

第二十五條　車輛検査ノ有效期間ハ一年トス但シ特別ノ事由アル自動車ニ付テハ縣長ハ一年以内ニ於テ有效期間ヲ指定スルコトヲ得

第二十六條　車輛検査ノ有効期間満了後引續キ自動車ヲ使用セ

ントスル者ハ有效期間満了前三十日以内ニ車輛検査ヲ申請スルコトヲ得

第二十七條　自動車ノ使用主其ノ主タル使用地ヲ變更シタルトキハ十日以内ニ後ノ使用地ノ縣長ニ屆出デ車輛検査證ニ其ノ旨記入ヲ受ケ且車輛記号、番号ノ指示ヲ受クベシ自動車ノ使用主ノ變更アリタルトキハ後ノ使用主ハ十日以内ニ其ノ主タル使用地ノ縣長ニ屆出デ車輛検査證ノ書換ヲ受クベシ、其ノ主タル使用地、前ノ使用主ノ主タル使用地ト異ナルトキハ更ニ車輛ノ記号番号ノ指示ヲ受クベシ

第二十八條　車輛検査證ハ車輛内部ノ見易キ箇所ニ車輛ノ記号

No.

番号ハ~~車輛ノ記号番号ハ~~車輛ノ前面及後面見易キ箇所ニ之ヲ標示スベシ

一般公衆ノ乗用ニ供スル自動車ニ在リテハ前項ノ外車内乗用者ノ見易キ箇所ニ車輛ノ記号番号ヲ標示スベシ

第二十九條　車輛検査ニ合格シタル自動車ニシテ左ノ各号ノ一ニ該当スルトキハ使用主ハ直チニ主タル使用地ノ縣長ニ届出デ変更検査ヲ受クベシ

一　原動機又ハ其ノ気筒ヲ取替ヘタルトキ

二　燃料油槽ノ構造又ハ位置ヲ変更シタルトキ

三　制動装置、変速装置又ハ操向装置ノ構造ヲ変更シタルト

No.

キ

四　貨物自動車ノ荷台構造ヲ変更シタルトキ

五　車輛ノ長、幅又ハ高ヲ増加シタルトキ

第三十條　縣長ハ定期又ハ臨時ニ車輛ノ検査ヲ行フコトヲ得

第三十一條　縣長ハ前二條ノ規定ニ依ル検査ニ基キ車輛検査ノ有效期日ヲ延長シ若ハ短縮シ又ハ自動車ノ使用ヲ停止若ハ禁止スルコトヲ得

第三十二條　車輛検査證ヲ滅失シ又ハ毀損シタルトキハ主タル使用地ノ縣長ニ其ノ再下付ヲ申請スルコトヲ得

第三十三條　左ニ掲グル場合ニ於テハ自動車ノ使用主ハ遅滞ナ

No.

ク車輛検査證ヲ主タル使用地ノ縣長ニ返納スベシ

一　自動車ノ使用ヲ廢止シタルトキ

二　車輛検査ノ有效期間満了シタルトキ

三　第三十一條ノ規定ニ依リ自動車ノ使用ノ停止又ハ禁止ヲ命ゼラレタルトキ

四　車輛検査證ノ書換ヲ受ケタルトキ

五　車輛検査證ノ再交付ヲ受ケタル者舊車輛検査證ヲ所持スルトキ自動車ノ使用停止期間満了シタルトキ車輛検査證ヲ自動車ノ使用主ニ還付ス

第四章　運轉免許

No.

第三十四條　運轉免許ヲ受ケタル者ニ非ザレバ自動車ヲ運轉スルコトヲ得ズ但シ小型自動車ヲ運轉スルモノニシテ公衆乘用ノ自動車ヲ運轉セザル者ハ此ノ限ニ在ラズ

運轉免許ヲ分チテ普通免許、特殊免許及小型免許ノ三種トス

普通免許ヲ受ケタル者ハ普通自動車及小型自動車ヲ特殊免許ヲ受ケタル者ハ特定種類ノ特殊自動車及小型自動車ヲ運轉スルコトヲ得、小型免許ヲ受ケタル者ハ小型自動車ヲ運轉スルコトヲ得

第三十五條　運轉免許ヲ受ケントスル者ハ其ノ主タル運轉地ノ縣長ニ願出ヅベシ縣長運轉ヲ許可シタルトキハ運轉免許證ヲ交

ヨ－0022　B列5　28字×10　南滿洲鐵道株式會社　(15.10.5,500冊　一書總納)

No.

付ス

第三十六條　運轉免許ノ有效期間ハ五年トス

第三十七條　運轉免許ノ有效期間滿了後引續キ自動車ヲ運轉セントスル者ハ有效期間滿了前六箇月以内ニ運轉免許ヲ申請スルコトヲ得

第三十八條　運轉免許ハ試驗ニ合格シ且左ノ各号ノ一ニ該当セザル者ニ之ヲ與フ但シ小型免許ニ左リテハ試驗ヲ行ハズ

一　普通免許及特殊免許ニ付テハ二十歳未滿小型免許ニ付テハ八歳未滿

二　精神病者、聾者、唖者又ハ盲者

三　運轉免許ノ取消ヲ受ケ一年ヲ経過セザル者
四　其ノ他縣長ニ於テ不適当ト認ムル者
運轉免許ノ試験ハ自動車ノ構造及取扱方法ノ要旨、自動車及交通ニ関スル取締法令並ニ自動車ノ運轉技能ニ関シ之ヲ行フ
第三十九條　左ノ各号ノ一ニ該当スル者ニ付テハ前條ノ規定ニ依ル試験ノ全部又ハ一部ヲ省略スルコトヲ得
一　現ニ運轉免許ヲ有シ運轉免許ノ有效期間満了後引續キ自動車ヲ運轉セントスル者
二　普通免許ヲ有スル者ニシテ特殊免許ヲ受ケントスル者
第四十條　運轉者ハ運轉免許證ヲ携帯スベシ

No.

第四十一條ノ運轉免許ヲ受ケタル者其ノ主タル運轉地ヲ變更シタルトキハ十日以内ニ後ノ主タル運轉地ノ縣長ニ屆出テ運轉免許證ニ其ノ旨記入ヲ受クベシ

第四十二條 第三十八條第一項第二號、第四號ニ該當スルニ至リタルトキハ主タル運轉地ノ縣長ハ運轉免許ヲ取消シ又ハ停止スベシ

左ノ各號ノ一ニ該當スルトキハ主タル運轉地ノ縣長ハ運轉免許ヲ取消シ又ハ停止スルコトヲ得

一 故意又ハ過失ニ因リ自動車ニ依リ人畜ヲ傷害シ又ハ物件ヲ損壞シタルトキ

No.

二　縣長ニ於テ不適当ト認ムルトキ
三　本規則又ハ本規則ニ基キテ發スル命令ニ違反シタルトキ
第四十三條　運轉免許ヲ受ケタル者ハ重ネテ同種ノ運轉免許ヲ受クルコトヲ得ズ
前項ノ規定ニ違反シテ交付ヲ受ケタル運轉免許ハ無效トス
前項ノ無效ノ運轉免許證ハ遅滞ナク之ヲ交付シタル縣長ニ返納スベシ
第四十四條　運轉免許證ヲ滅失シ又ハ毀損シタルトキハ主タル運轉地ノ縣長ニ其ノ再交付ヲ申請スルコトヲ得
第四十五條　左ニ掲グル場合ニ於テハ遅滞ナク運轉免許證ヲ主

タル運轉地ノ縣長ニ返納スベシ

一　運轉免許ノ有效期日ノ滿了シタルトキ

二　第四十二條ノ規定ニ依リ運轉免許ノ取消又ハ停止ヲ受ケタルトキ

三　運轉免許證ノ再交付ヲ受ケタル者舊免許證ヲ所持スルトキ

四　普通免許證又ハ特殊免許證ノ交付ヲ受ケタル者小型免許證ヲ所持スルトキ

運轉免許證ヲ受ケタル者死亡シ又ハ行方不明トナリタルトキ其ノ戸主、家族又ハ雇主ニ於テ第一項ノ手續ヲ為スベシ

No.

第五章　就業免許

第四十六條　就業免許ヲ受ケタル者ニ非ザレバ一般公衆ノ乘用ニ供スル自動車ヲ運轉スルコトヲ得ズ

第四十七條　就業免許ヲ受ケントスル者ハ其ノ主タル就業地ノ縣長ニ申請スベシ

縣長就業免許ヲ與ヘタルトキハ運轉免許證ニ其ノ旨記入ヲ爲ス

第四十八條　就業免許ハ運轉免許ヲ有スル者ニ限リ其ノ效力ヲ有ス

第四十九條　就業免許ヲ有スル者ニシテ試驗ニ合格シ且左ノ各

No.

号ノ一ニ該当セザル者ニ之ヲ與フ

一 二十歳未満ノ者

二 傳染性疾患ヲ有スル者

三 就業免許ノ取消ヲ受ケ六月ヲ経過セザル者

四 其ノ地縣長ニ於テ不適当ト認ムル者

就業免許ノ試験ハ主タル就業地ノ地理其ノ他必要ト認ムル事項ニ関シ之ヲ行フ

小型免許ノミヲ有スル者ニ付テハ前項ノ外小型自動車ノ運轉技能ニ関シ試験ヲ行フ

第五十條 就業免許ヲ受ケタル者就業地ヲ變更シタルトキハ十

No.

日以内ニ從ヒ主タル就業地ノ縣長ニ届デ運轉免許證ニ其ノ旨記入ヲ受クベシ

前項ノ届出ヲ受ケタル縣長ハ前條第二項ノ試驗ヲ行フコトヲ得

前項ノ試驗ニ合格セザルトキハ其ノ縣内ニ於テ就業スルコトヲ得ズ

第五十一條 左ノ各号ノ一ニ該当スルトキハ主タル就業地ノ縣長就業免許ヲ取消シ又ハ停止スルコトヲ得

一 故意又ハ過失ニ因リ自動車ニ依リ人畜ヲ傷害シ又ハ物件ヲ損壞シタルトキ

二　第四十九條第一項第二号又ハ第四号ニ該当スルトキ

三　本規則又ハ本規則ニ基キテ発スル命令ニ違反シタルトキ

第五十二條　就業免許ニ関シテハ本章ニ規定スルモノノ外運轉免許ニ関スル規定ヲ準用ス

第三章　使用制限

第五十三條　縣長ハ自動車ノ通行スル道路、区域又ハ時間ニ関スル制限ヲ設クルコトヲ得

第五十四條　自動車ノ最高速度ハ五十粁トス

縣長ハ道路、区域、時間又ハ自動車ヲ指定シテ前項ニ規定スル制限ノ範囲内ニ於テ更ニ必要ナル最高速度ノ制限ヲ設クル

コトヲ得

消防自動車、救急自動車其ノ他之ニ類スル自動車ハ此ノ限ニ在ラズ

第五十五條 運轉者ハ前條ノ規定ニ依ル最高速度ノ制限ニ於テ道路及交通ノ状況ニ應ジ公衆ニ危害ヲ及ボス虞ナキ速度並ニ方法ヲ以テ運轉スベシ

第五十六條 運轉中悪臭若ハ有害ノ瓦斯若ハ煤煙ヲ多量ニ發散セシムベカラズ

第五十七條 自動車ノ使用主又ハ運轉者ハ車輛検査證ニ記載シタル乗車定員若ハ最大積載量ヲ超エテ積載シ又ハ車輛ノ安定

ヲ失ハシムル積載ヲ為スベカラズ但シ出發地警察官署ノ許可ヲ受ケタル場合ハ此ノ限ニ在ラズ

第七章　車庫

第五十八條　自動車車庫ハ防火消火設備ヲ完全ニナスベシ

第五十九條　警察官署長ハ車庫ニシテ交通上其ノ他公安上危害ヲ生ズル虞アリト認ムルトキハ特別ノ構造設備其ノ他ノ事項ヲ命ジ其ノ使用ヲ停止若ハ禁止ヲ命ズルコトアルベシ

第八章　罰則

第六十條　第二十二條（車輛検査）第三十四條（運轉免許）第四十六條（就業免許）ノ規定ニ違反シタル者又ハ第三十一條

No.

一、（車輛ノ檢査ニ依ル禁止停止）第四十二條（運轉免許ノ取消停止）第五十條第三項（就業地變更ノ禁止停止）及第五十一條（就業免許ノ取消停止）ノ規定ニ依ル縣長ノ處分ニ違反シタル者ハ三月以下ノ有期徒刑若ハ百圓以下ノ罰金又ハ拘役ニ處ス

第二十一條、第二十一條（構造裝置ノ保全）第二十七條（使用地變更手續）第二十八條（檢査證番号ノ標示）第二十九條（變更檢査）第三十三條（車輛檢査證ノ返納）第四十條（運轉免許證攜帶）第四十一條（運轉地變更手續）第四十三條（室交付運轉免許證ノ返納）第四十五條（運轉免許證ノ返納）第五十四條（安全ナル速度方法）第五十五條（高速度）第五十

No.

六條（瓦斯煤煙）第五十七條（定員、積載量等ノ嚴守）第五十八條（車庫）第五十九條（車庫ノ制限）ノ規定又ハ命令ニ違反シタル者ハ一月未満ノ拘役又ハ三十圓未満ノ罰金ニ處ス

第六十二條　第四十條（運轉免許證ノ携帶）第四十三條第三項（重交付免許證ノ返納）第四十五條（運轉免許證ノ返納）ノ違反ニ対スル罰則ハ就業免許ニ付之ヲ準用ス

第六十三條　自動車ノ使用主ニシテ未成年者又ハ禁治産者ナルトキ本規則又ハ本規則ニ基キテ發スル命令ニ依リ之ニ適用スベキ罰則ハ之ヲ法定代理人ニ適用ス但シ營業ニ関シ成年者ト同一ノ技能ヲ有スル未成年者ニ付テハ此ノ限ニ在ラズ

No.

自動車ノ使用主ニシテ法人ナルトキハ本規則又ハ本規則ニ基キテ發スル命令ニ依リ之ニ適用スベキ罰則ハ之ヲ法人ノ代表者ニ適用ス

第六十四條 自動車ノ使用主ハ其ノ代理人戸主家族同居者雇主其ノ他ノ従業者ニシテ使用主ニ関スル本規則又ハ本規則ニ基キテ發スル命令ノ規定ニ違反シタルトキハ自己ノ指揮ニ出テザルノ故ヲ以テ其ノ處罰ヲ免ルルコトヲ得ズ

附 則

第六十五條 本規則ハ 年 月 日ヨリ之ヲ施行ス

第六十六條 本規則ニ規定スル縣長ノ職務ハ首都警察廳所在地

No.

ニ於テハ警察総監、警察廳所在地ニ於テハ警察廳長、北満特別区ニ於テハ警察署長之ヲ行フ

第六十七條　本規則施行前車輛検査ニ合格シタル自動車ハ本規則ノ規定ニ依リ車輛検査ニ合格シタル自動車ト看做ス但シ其ノ検査證ノ有效期間ハ之ヲ變更セズ

前項ノ自動車ノ使用主ハ本規則施行ノ日ヨリ六月以内ニ主タル使用地ノ縣長ニ申請シ本規則第二條ニ依ル自動車ノ種別ニ付指定ヲ受ケ且検査證ニ其ノ旨記入ヲ受クベシ

第六十八條　本規則施行ノ際ニ車輛検査ヲ要セズシテ使用スル自動車ニシテ本規則ノ規定ニ依リ新ニ車輛検査證ヲ受クルニ

No.

要スルモノノ車輛検査及積載制限ニ付テハ本規則施行ノ日ヨリ一年以内ハ本規則ニ基キテ發スル命令ノ規定ニ拘ラズ従前ノ規定ニ依ルコトヲ得

第六十九條　本規則施行ノ際現ニ運轉免許ヲ有スル者ハ本規則施行ノ日ヨリ三月以内ニ本規則ニ依ル免許證ノ書換ヲ受クベシ但シ有效期間ハ之ヲ變更セズ

第七十條　本規則施行ノ際現ニ運轉免許證ヲ有セズシテ自動車ヲ運轉スルモノニシテ本規則ノ規定ニ依リ新ニ運轉免許ヲ受クルヲ要スル者ニ在リテハ本規則施行ノ日ヨリ一年以内ハ本規則ノ規定ニ依ル運轉免許ヲ受クルコトナクシテ従前運轉免

No.

許ヲ要セズシテ運轉シ得タル自動車ヲ運轉スルコトヲ得

第七十一條　本規則施行ノ際現ニ運轉免許ヲ有シ就業スル者ハ本規則施行ノ日ヨリ三月以内ニ就業地ノ縣長ニ申請シ就業免許ヲ受ケ運轉免許證ニ其ノ旨記入ヲ受クベシ

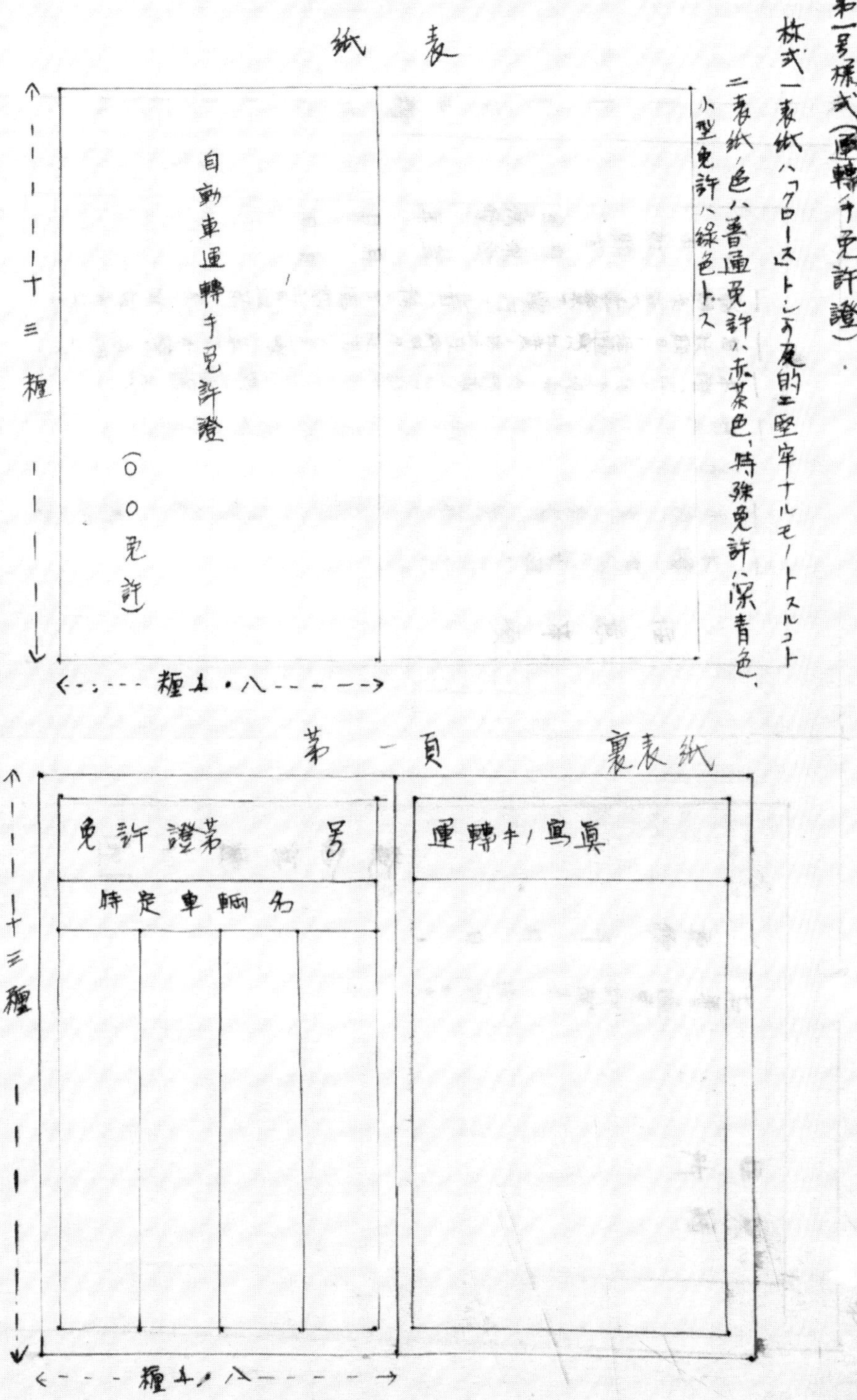
第一号様式（運轉手免許證）

様式一 表紙ハ「クロース」トシ可及的ニ堅牢ナルモノトスルコト

二 表紙ノ色ハ普通免許ハ赤茶色、特殊免許ハ深青色、小型免許ハ緑色トス

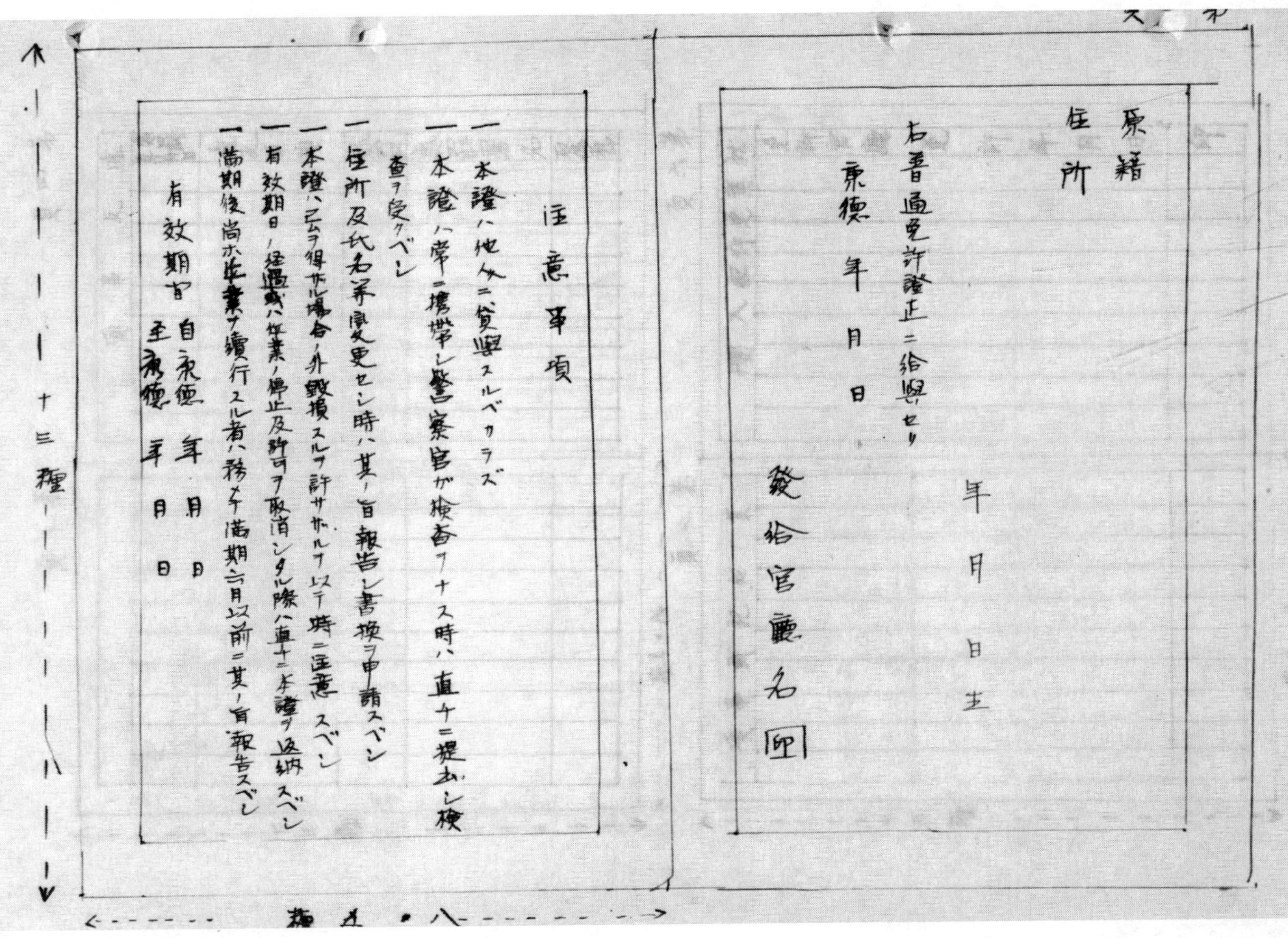

原籍

住所

右者通免許證止ニ給與セリ

康德　年　月　日

年　月　日生

發給官廳名　印

注意事項

一　本證ハ他人ニ貸與スルベカラズ

一　本證ハ常ニ携帶シ警察官ガ檢査ヲナス時ハ直チニ提示シ檢査ヲ受クベシ

一　住所及氏名等變更セシ時ハ其ノ旨報告シ書換ヲ申請スベシ

一　本證ハ已ムヲ得サル場合ノ外毀損スルヲ許サザルヲ以テ特ニ注意スベシ

一　有效期日ノ經過或ハ營業ノ停止及許可ヲ取消シタル際ハ直チニ本證ヲ返納スベシ

一　滿期後尚ホ營業ヲ續行スル者ハ務メテ滿期三月以前ニ其ノ旨報告スベシ

有效期日　自康德　年　月　日　至康德　年　月　日

十三種

種五・八

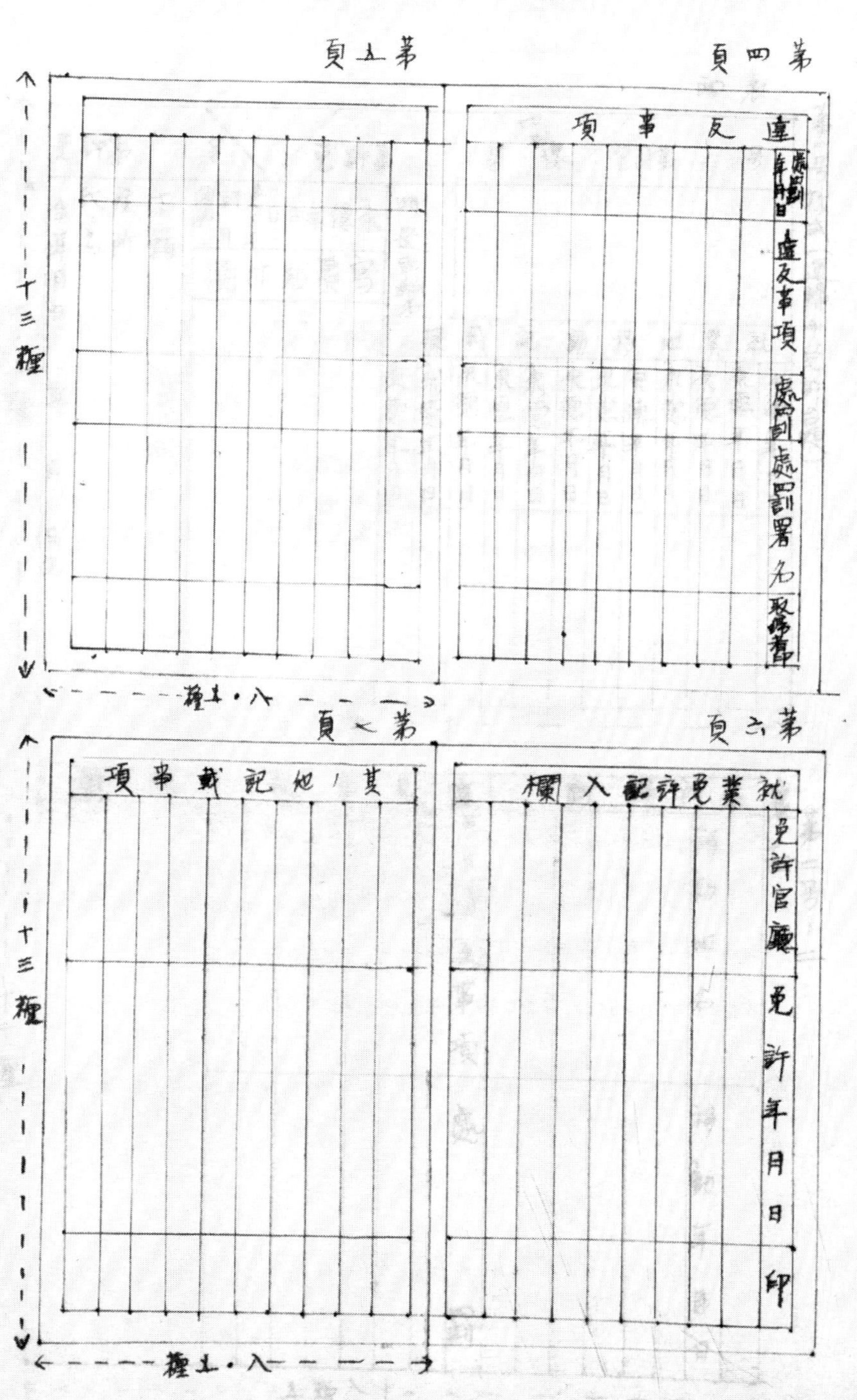
第五頁
第四頁
違反事項
處罰年月日
違反事項
處罰
處罰署名
取締者印
十三糎
八·五糎
第七頁
第六頁
其ノ他記載事項
就業免許記入欄
免許官廳
免許年月日
印
十三糎
八·五糎

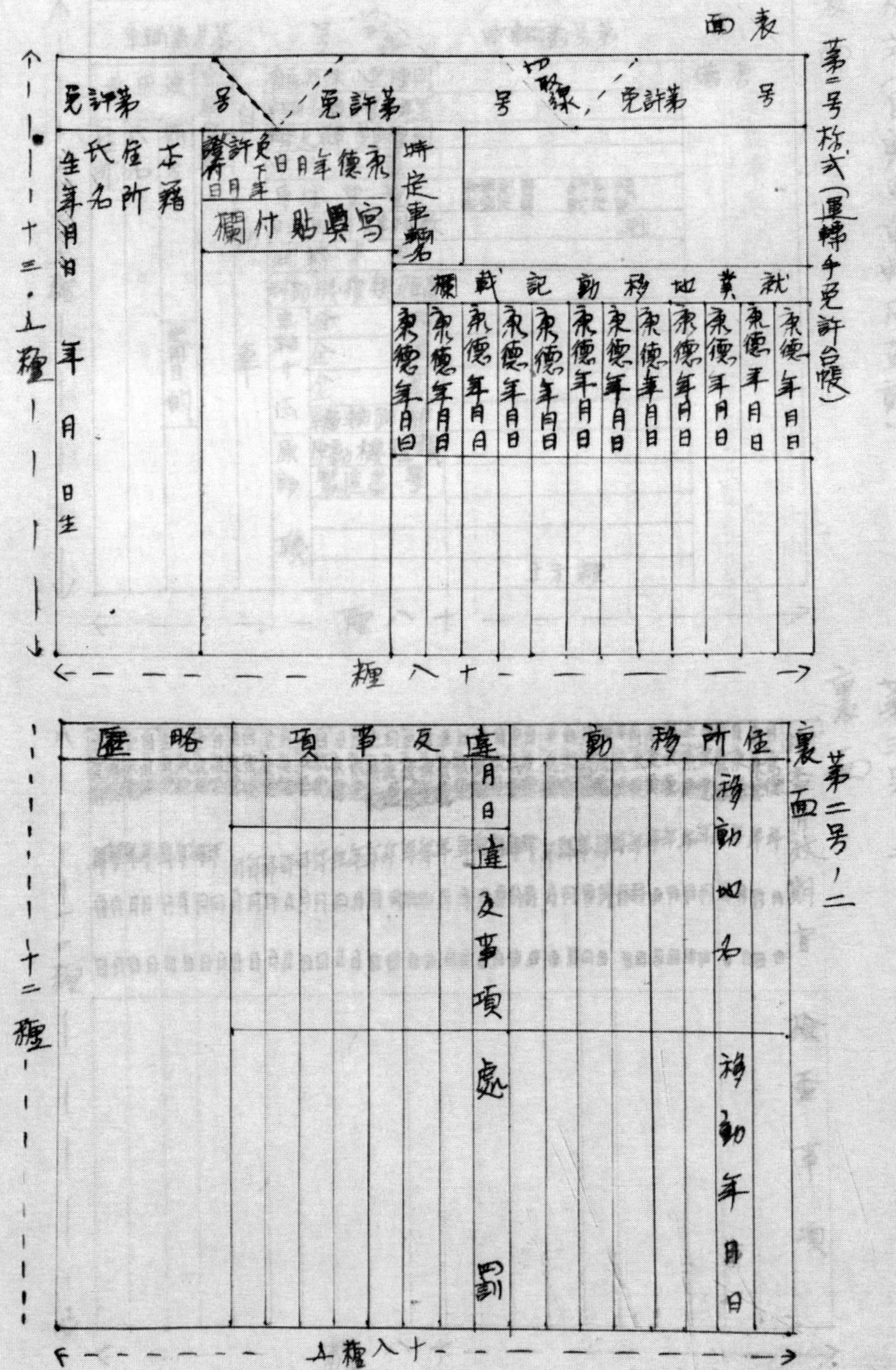
第二号样式（单轮车免许台帐）
表面
免许第　号
免许第　号
切取线
免许第　号
本籍
住所
氏名
生年月日
年　月　日生
康德年月日
免许下付年月日
写真贴付栏
特定车种名
就业地移动记载栏
康德年月日
十三・五粍
十八粍
第二号ノ二
里面
住所移动
移动地名
移动年月日
违反事项
月日
违反事项
处罚
略历
十二粍
十八粍

第三号樣式（自動車車輛檢查證）

表面

車輛番号第　　号　切取線　車輛番号第　　号

使用者：住所　氏名　商号　使用目的

車庫位置

自動車：
普通特殊小型種別
車輛名稱及製造年型
車体及貨載貨車種別
車体容量
車体重量　乗車定員　許容積載定量
車輛配列及車輪数
廻轉半徑
制動機種類及位置
車輛寸法：全幅　全長　全高　輪軸距離
原動機：原動機種類　製造番号
立方糎

備考

十三・五糎

十八糎

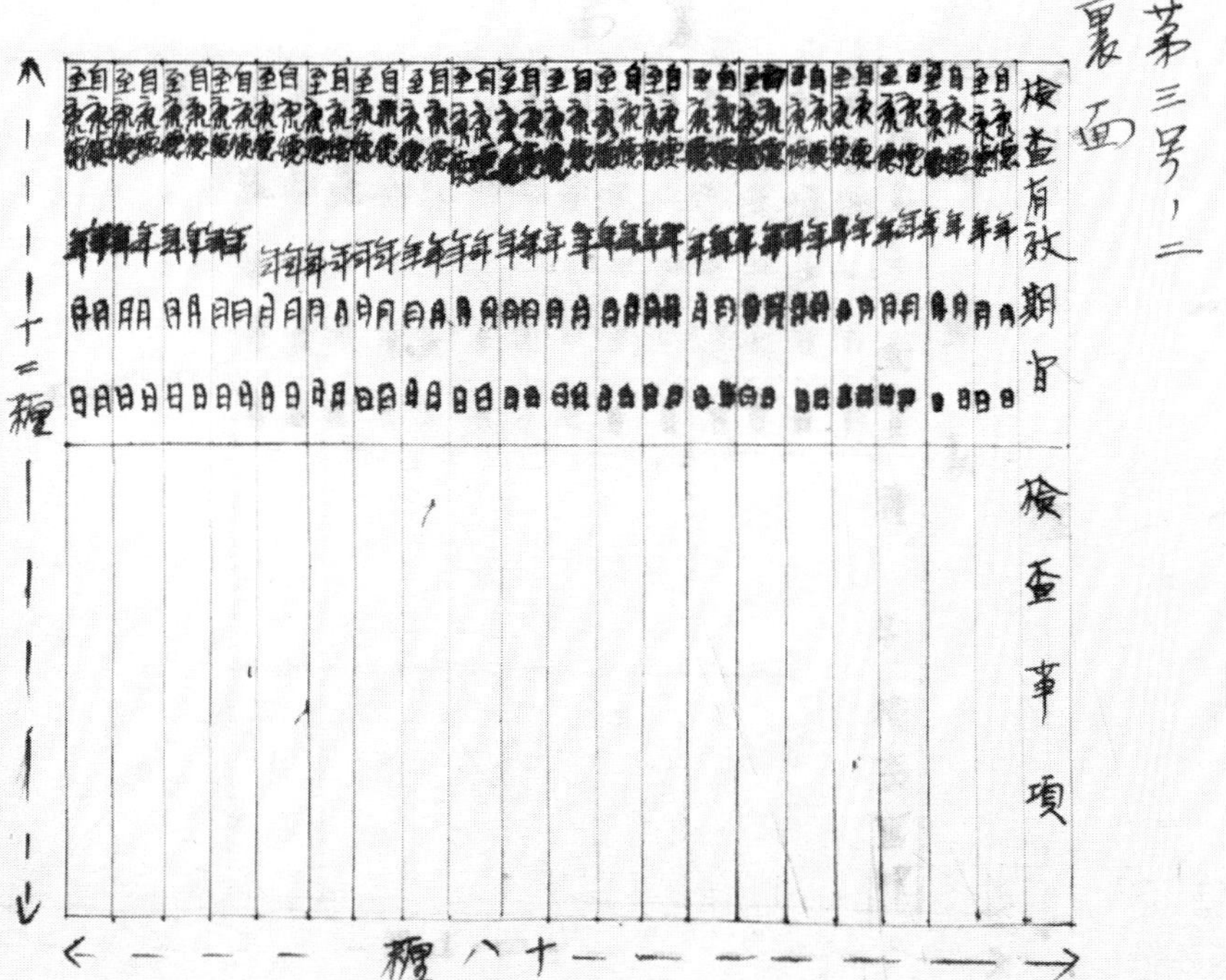

第四号様式（車体検査證）

面表

自動車車体検査證										
使用者 住所	使用者 氏名	使用目的	車輛標識番号	車輛名称	車体及各車ノ種別	機関番号	乗車定員	乗客定員	積載定量	車輛重量

康德　年　月　日

検査官廳名

←‐‐‐十五糎‐‐‐→　↑八糎↓

面裏

検査表											
検査有效期間	自康德　年　月　日 至康德　年　月　日	自康德　年　月　日 至康德　年　月　日	自康德　年　月　日 至康德　年　月　日	自康德　年　月　日 至康德　年　月　日	自康德　年　月　日 至康德　年　月　日	自康德　年　月　日 至康德　年　月　日					備考
種別											
検査官印											

←‐‐‐十四・五糎‐‐‐→　↑八糎↓

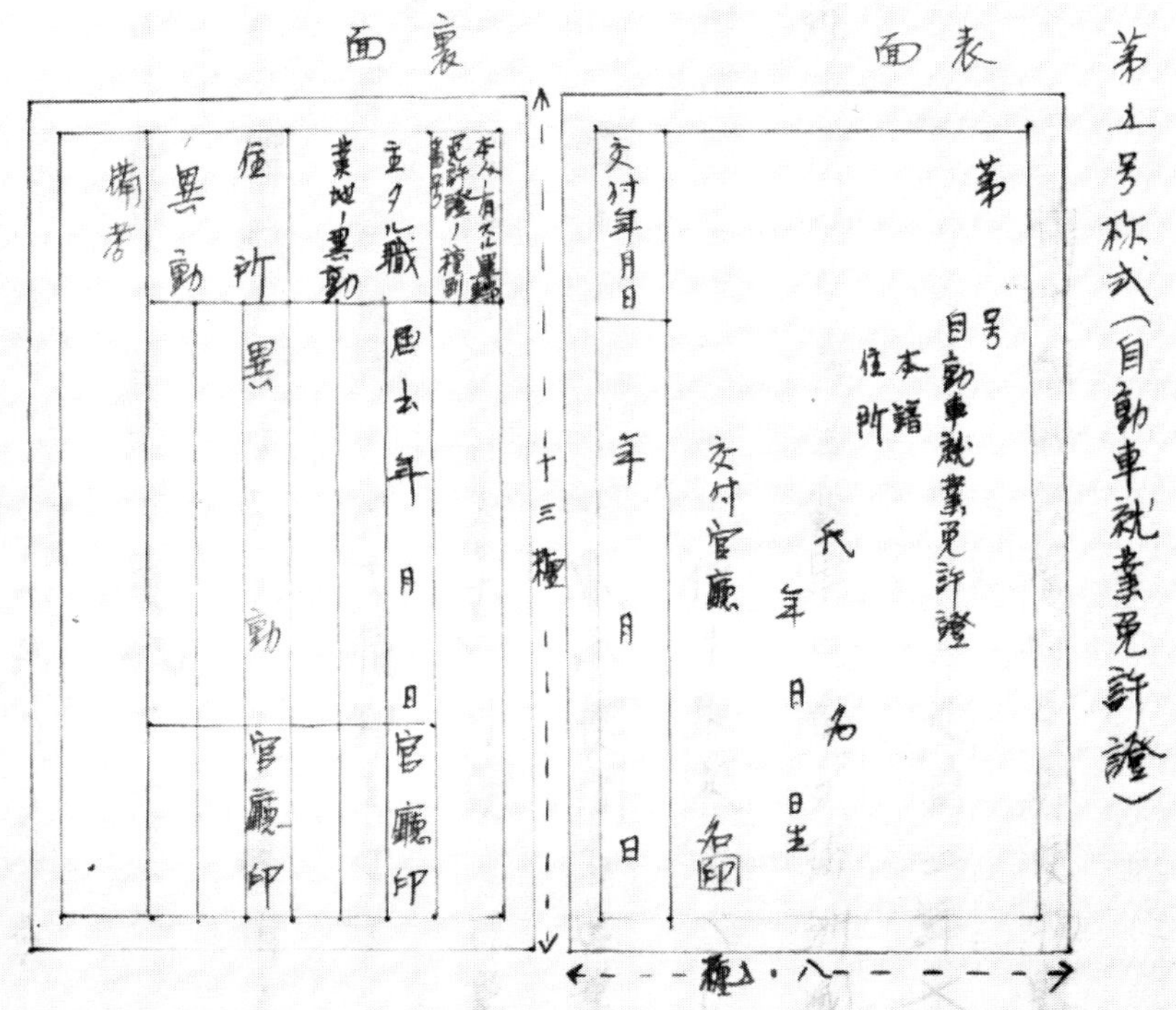
第五号様式（自動車就業免許證）
表面
第　　号
自動車就業免許證
本籍
住所
氏　　名
年　月　日生
交付官廳　名印
交付年月日
年　月　日
裏面
本人ノ有スル自動車免許證ノ種別番号
主タル職業地ノ異動
居去　年　月　日　官廳印
住所異動
官廳印
異動
備考
十三糎
糎八

No.

（一九三三年七月二十六日）

満洲國郵政管理局郵便物暫定取扱の件

大同二年七月二十六日　所長

近日中に当所自動車に依る該洲國郵政管理局郵便物の輸送を開始するに付左記に依り取扱ふべし

一、輸送区間は北票、承德間各営業路線内とす

二、郵便物（小包を含む）は總て行嚢に入れ郵政係員が当所営業所及び停留場に於て積卸をなす

三、積載車輌はトラックを使用す

四、数量の算定は最低を一人分とし一人分は $0.42 \times \frac{1.918}{2} \times 0.55$ 立方米とす

No.

五、運賃は後拂扱とす

六、郵政係員は火車郵件路單三葉を作成し一葉を郵便物引渡しの證據に一葉を託送營業所控用に一葉を着地郵政係員宛発行す

七、貨物係は郵政係員と立會の上数量の算定をなし火車郵件路單の余事列此欄に幾人分とその数量を記載せしむ

八、輸送途中の遞送は車掌之が任に当る

以上

No.

満洲ニ於ケル自動車交通業ニ就テ

（一九三三年七月二十六日）

熱河發郵便物（小包を含む）の自動車運送に關する協定要綱

（一）奉山局は毎日北票、承德間運行自動車に依り營業路線内に限り郵便物を輸送す

（二）前號に對する料金は左記の標準に依り算出し一ヶ月分を翌月郵政局より奉山局へ支拂ふ

旅客一座席當り片道料金

北票－朝陽間　一、七五

朝陽－凌源間　四、二〇

凌源－平泉間　二、八〇

平泉－承德間　二、八〇

ヨー0022　B列5　28字×10　南滿洲鐵道株式會社　（15.7.8.400冊 ［illegible］）

No.

(三)郵便物（小包を含む）は總て行嚢に入れ郵政係員に於て積卸を爲す積卸は自動車營業所及停留場に於て爲すものとす

(四)輸送中に於ける事故に對しては一切の責任を負はず但し其の事故が當局の故意又は重大なる過失に依る場合は此の限りにあらず

(五)契約期間は一箇年とす

(六)其の他の細目に付ては契約書取交の際打合せ取決めること

次で昭和二年七月二十六日郵便物暫定取扱が告示された。

ヨ－0022　B列5　28字×10　南滿洲鐵道株式會社　(15. 7. 8.400冊 [illegible])

No.

無免許自動車取締ニ関スル件（一九三三年十月二十日）

交通部訓令第一八〇號（交路第五二第二〇二号）

熱河省長ニ令ス

北票承徳間及朝陽赤峰間ノ國営自動車路線ニ在リテ許可ヲ得ス私営自動車運輸事業ニ類似スル行為ヲ為スモノ多々有之由ナルカ是レ法令ヲ無視シ以テ國家事業ノ利益ヲ阻害スルモノナルヲ以テ実状ヲ調査シ本部ニ報告シ並ニ速ニ営業ノ停止ヲ命ズルト共ニ今後ノ取締ニ付テハ関係所属機関ニ轉令シ厳重ニ遵行セシムベシ此ニ令ス

大同二年十月二十日

交通部總長　丁鑑修

（一九三三年八月十六日）

自動車運輸事業ニ関スル件

（大同二年八月十六日
黒龍江省公署訓令第三六四三号）

黒河市政籌備處 省公安局
齊々哈爾市政局 各縣
ニ令ス

交通部第一〇三号訓令ヲ奉スルニ曰ク本部ハ五月三十一日ニ教令第四十三号ヲ奉シ本部ノ官制ヲ修正シ並ニ自動車運輸事業ノ統制ヲ盡ク本部ノ管理ニ帰セラレタリ当然教令ニ遵ヒ辦理スヘシ査スルニ自動車ノ運輸ハ僅ニ交通ニ便利ナルノミナラズ且ツ地方ノ治安ヲ保護シ各種産業ヲ振興スヘク実ニ唯一ノ文化交通機関ニシテ頗ル重視スヘキノ地位ニ在リ故ニ建国以来各地一般人民ノ

No.

斯業経営ヲ熱望スルモノ日々増加スルカアルニ近来国道網ノ建設ヲ開始シタレハ各企業者ハ民衆ノ渇望ニ副フ為多ク巨額ノ資本ト多年ノ経験トヲ以テ斯業ノ計画ヲ為シ許可ヲ申請スル者益増加ノ勢アリ政府ハ情形ヲ査察シ自動車事業ノ関係重要ニシテ趨勢漸ク繁ク合法機関アリテ之カ管理ヲ為サザレハ以テ慎重ヲ示シ振興ヲ促スニ足ラサルヲ知ル是ヲ以テ特ニ命令ヲ奉シ本部ノ掌管ニ帰セラレタリ本部ハ前ニ調査ヲ迅速ナラシムル為自動車営業アル各県ニ対シ司ヨリ公函ヲ発シタリ今回通令ノ後ハ各該省署ハ自動車交通事業法ノ頒布以前ノ本事業ノ申請ニ対シテハ須ク詳細ニ内容ヲ調査シ其ノ合法ナルヤ否ヤヲ先メ許可スヘキ

ヲ—0022　B列5　28字×10　南満洲鐵道株式會社　(15. 7. 8.400部)

No.

モノニハ許可スヘキノ意見書ヲ添附シ本部ニ提出シ以テ審査ニ
資シ令知ニ便スヘシ須ク此旨ヲ遵照辦理スヘシ此ニ令スト依テ
令ヲ為スト共ニ貴處局縣ニ之ヲ知照ス此ニ令ス

ヨ—0022　B列5　28字×10　南滿洲鐵道株式會社　(15. 7. 5,400冊 [illegible])

No.

自動車運輸事業免許ニ関スル連絡（一九三四年三月九日）

民政部訓令第一四号

吉林省長ニ令ス

近来自動車運輸業者著シク発達シ其ノ免許ヲ出願スル者モ亦漸次激増スルニ至リタリ貴省ニ於テハ本件ニ関シテハ従来実業庁ニ於テ主管シ警察機関トノ連絡ヲ欠クニ因リ取締ヲ実行スルニ当リ著シク齟齬不便ヲ招来スルコトアラン斯リテハ運輸事業取締ノ徹底ヲ期シ難キノミナラス延テハ産業文化ノ発達ヲ阻害スルコトナシトセズ依テ爾後自動車運輸ノ免許ニ関シテハ交通部ヨリ貴省宛ノ通達アリタルトキハ其ノ都度警務庁ニモ詳細通報シ務メテ連絡ヲ図リ以テ取締上遺憾ナキヲ期スヘシ此ニ令ス

ヨ－0022　B列5　28字×10　南滿洲鐵道株式會社　（15.7.8.400冊）

No.

康德元年三月九日

民政部大臣　臧式毅

代理部务次长　孫康

ヨー0022　B列5　28字×10　南滿洲鐵道株式會社

No.

（一九三四年八月二十八日）

民政部 第二七一号
蒙政部訓令 第三八四号

各省長
新京哈爾濱特別市長
首都警察庁警察総監
哈爾濱警察庁長

ニ令ス

国産自動車購入使用方ニ関スル件

首題ノ件ニ関シテハ既ニ再三之ガ趣旨徹底方ニ関シ通牒ヲ発シ置キタルニ地方県旗公署及市公署関係ニ於テハ未ダ本趣旨不徹底ノ向有之ニ付康徳三年七月三日附実業部総務司公函第四〇九号（別紙参照）ヲ以テ重テ配慮方通知有之タルニ付爾今原則トシテ国

No.

産車ヲ購入使用セシメラレ度

尚若シ已ムヲ得ザル特別ノ事由ニ因リ外国車ヲ購入使用セントスル場合ハ豫メ当該官署ヲシテ所管公署ヲ通シ主管部大臣（実業部大臣及民政部大臣又ハ蒙政部大臣）ノ認可ヲ受ケシメラレ度　此旨各所属管下ニ轉令相成度

康徳三年八月二十八日

民政部大臣　呂栄寰

蒙政部大臣　齊默特色木丕勒

（実業部總務司公函第四九号ハ登載ヲ略ス）

南満洲鐵道株式會社

No.　　タイプライター原稿用紙

法人代表日人ノ場合警察取締ニ付テハ如何ニ処理スヘキヤ指示ヲ請フノ件（一九三四年九月二十九日）

民政部指令第二五六〇號

奉天省長ニ令ス

来文及附属書類ハ均シク閲了セリ本件ニ関シテハ茲ニ本部ニテ辦法ヲ別紙ノ通リ規定シ添付スルニ付遵奉処理シ以テ取締ノ萬全ヲ期スヘシ茲ニ令ス

附属書類一部（省略）

康徳元年九月二十九日

民政部大臣　臧式毅

代理部務次長　葆康

辦法

鉄法長途股份有限公司ノ日系職員及従事員ガ若シ満洲国取締法令ニ違反シタル場合ニ於テハ其ノ本国ノ有スル治外法権ノ結果其ノ違反者ニ對シテハ固ヨリ満洲国取締法令中ノ罰則ノ規定ハ適用スルコトヲ得ザルモノトス、然レドモ該公司ハ満洲国法ニ依リ組織セル法人ナルヲ以テ

南満洲鐵道株式會社

ヨー0024　B列5　32×15　●分割打字ヲ要スル原稿ハ五、六頁乃至一〇頁ニテ區切ルコト　(13. 5. 3,000冊)

No.　タイプライター原稿用紙

該公司ニ於テハ満洲国取締法令ヲ適用スルコトヲ得ベク従テ該公司ガ営業許可ノ主旨ニ違反シタルトキハ当該官署ハ（一）其ノ営業許可ヲ取消シ（一）又ハ不法営業ノ中止ヲ命シ若シ之ヲ肯カザル時ハ営業許可ヲ取消スヘキ旨ヲ警告シ以テ取締ノ実ヲ挙グルコトヲ得ベシ

南満洲鐵道株式會社

ヨー0024　B列5　32×15　●分割打字ヲ要スル原稿ハ五、六頁乃至一〇頁ニテ區切ルコト

No.

（一九三三年六月二十四日）

自動車営業出願者ニ対スル意見進達ノ件

交通部官制改正セラレ自動車運転事業ノ統制ハ爾今交通部ノ管理ニ移サレタルヲ以テ自動車交通営業法ガ未タ頒布セサル以前ニ提出セラレタル営業出願者ニ対シテハ調査ノ上許可ノ適否ニ就テ意見書ヲ具進スヘク交通部総長ヨリ各省長ニ令達セラレタリ

其全文次ノ如シ

No.

交通部訓令第一〇三號

奉天
吉林
黒龍江　省長ニ令ス
熱河

本部ハ五月三十一日第四十三号教令ヲ奉スルニ本部ノ官制ヲ改正シ並ニ自動車運輸事業ノ統制ヲ本部ノ管理ニ歸セラレタリ査スルニ自動車運輸ハ催ニ交通上ノ便利ナルノミナラズ地方ノ治安ヲ保持シ各種産業ノ振興ニ利ス此唯一文化ノ交通機関ハ最モ其ノ效能ヲ重視セラルヽニ至レリ故ニ建国以来各地一般人民ハ其ノ経営ヲ熱望スル者漸次勇躍ス加フルニ近来国道網モ其ノ建設ヲ

No.

開始シ各企業者モ民衆ノ渇望ニ副ハンコトヲ期シ多額ノ資金及多年ノ経験ヲ以テ此ノ事業ノ計画ヲナシ許可ヲ出願スル者益々増加ス政府ハ情形ヲ体察シ自動車事業ハ重要ノ関係アリ趨勢漸ク繁ナリ合法ノ機関ニテ之カ管理ヲ為サザレハ以テ鄭重ヲ示シ振興ヲ促スニ足ラサルヲ知ル是ヲ以テ特ニ命令ヲ発シ本部ノ掌管ニ帰セラレタリ本部ハ調査ノ迅速ヲ期スル為自動車営業者ノアル各縣ニ対シ前ニ日ヨリ函達シタリ今回通令後各省署トモ自動車交通営業法カ未タ頒布サレザル以前ハ此項事業ノ出願ニ対シテハ務テ詳細ニ内容ヲ調査シ合法ナルヤ否ヤ許可スヘキ者ハ其ノ許可スヘキ必要ノ理由ヲ具シ意見書ヲ本部ニ逓達シ以テ考査

ヨ—0022　B列5　28字×10　南滿洲鐵道株式會社　(15.7.8.400冊 [illegible])

No.

ニ貨シ通知ヲナスニ便スベシ右遵照辦理スルヲ要トス此ニ令ス

大同二年六月三十日

交通部總長　丁鑑修

No.

一、熱河發郵便物（小包を含む）の自動車運送に關する協定要綱

一、滿洲國郵政管理局郵便物暫定取扱の件

No.

熱河省郵便物（小包を含む）の自動車運送に関する協定要綱

一、奉山局は毎日北票、承徳間運行自動車に依り営業路線内に限り郵便物を輸送す

二、前號に対する料金は左記の標準に依り算出し一ヶ月分を翌月郵政局より奉山局へ支拂ふ

旅客一座席当り片道料金

区間	料金
北票—朝陽間	一、七五
朝陽—凌源間	四、二〇
凌源—平泉間	二、八〇
平泉—承徳間	二、八〇

ヲ—0022　B列5　28字×10　南満洲鉄道株式会社　（15.7.8,400冊）

No.

三、郵便物（小包を含む）は總て行囊に入れ郵政係員に於て積卸を為す、積卸は自動車営業所及停留場に於て為すものとす

四、輸送中に於ける事故に對しては一切の責任を負はず但し其の事故が当局の故意又は重大なる過失に依る場合は此の限りにあらず

五、契約期間は一箇年とす

六、其の他の細目に付ては契約書取交の際打合せ取決めること

次で昭和二年七月二十六日郵便物暫定取扱が告示された

ヌ－0022　B列5　28字×10　南満洲鐵道株式會社　（15. 7. 5.400册 納川商）

No.

満洲國郵政管理局郵便物暫定取扱の件

大同二年七月二十六日　所長

近日中に當所自動車に依る満洲國郵政管理局郵便物の輸送を開始するに付左記に依り取扱ふべし

一、輸送区間は北票、承徳間各營業路線内とす

二、郵便物（小包を含む）は總て行囊に入れ郵政係員が当所營業所及停留場に於て積卸を行す

三、積載車輛はトラックを使用す

四、數量の算定は最低を一人分として一人分は

0022　B列5　28字×10　南満洲鐵道株式會社　（15.7.5.400冊 [illegible]）

No.

$0.42 \times \frac{1.918}{2} \times 0.55$ 立方米とす

五　運賃は後払扱とす

六　郵政係員は火車郵件路単三葉を作成し一葉を郵便物引渡しの証拠に一葉を託送営業所控用に一葉を着地郵政係員宛発行す

七　貨物係は郵政係員と立会の上数量の算定を為し火車郵件路単の余事列此欄に銭入分とその数量を記載せしむ

八　輸送途中の遞送は車掌之が任に当る

以上

ヨ―0022　B列5　28字×10　南滿洲鐵道株式會社　（15.7.5.400冊 [illegible]）

首都警察廳令第四号

茲ニ自動車取締規則施行細則ヲ左ノ通制定ス

康徳三年六月八日

首都警察総監　金栄桂

自動車取締規則施行細則

第一條　自動車取締規則（以下單ニ規則ト称ス）又ハ本令ノ規定ニ依ル申請又ハ届出ハ之ヲ警察総監ニ為スヘシ

第二條　規則第二十二條ニ依リ装備スヘキ前面硝子拂拭器ハ自動式タルコトヲ要ス

第三條　規則第二十三條ノ市街地及地域ハ別ニ佈告ヲ以テ之ヲ指定ス

No.

第四條　規則第二十三條第二項ノ規定ニ依ル泥除ハ左ノ各号ニ該当スル

モノタルベシ

一、横面ノ長サハ車輪ノ直径ノ三分ノ二以上幅十五糎以上ノモノタルコト

二、路面ト間隔六糎以内ニ取附ケ得ベキモノタルコト

三、翻覆又ハ回転セザルモノタルコト

第五條　第三條ノ指定市街地ヲ主タル運行地トスル特殊自動車又ハ小型

自動車ノ内指定セラレタルモノハ自動式前面硝子拂拭器、方向指示器及

停止燈ノ設備ヲ為スベシ

第六條　冬期凍結ノ際ニ於テハ自動車ニハ「タイヤチエーン」ヲ装備スベシ

但シ規則第二十五條第二項各号ノ制限ヲ超エザルモノ又ハ「ロードローラー」

ヨ—0022　B列5　28字×10　南満洲鐵道株式會社

No.

ノ趣ニ在リテハ之ニ依ラザルコトヲ得

第七條　車輛番号ハ車輛ノ左側ニ標示スベシ

自動自轉車、側車附自動自轉車、自動三輪車等ニ在リテハ車輛ノ後面見易キ箇所ニ標示スベシ

前面車輛番号標ハ第一号様式ニ依ル

第八條　規則第四十二條ニ基ク車輛ノ定期検査ハ毎年四月及十月ノ二回ニシ行フ

第九條　自動車ノ検査ヲ受クル際ハ「タイヤチエーン」、泥除、豫備品及修繕器具等ヲ携行シ検査官ノ指示ニ従フベシ

第十條　規則第四十三條第二項ハ申請及同第四十四條（車輛検査証記載

No.

事項変更）ノ届出並ニ同第四十六條第一項第一号、第二号及第四号（車輛検査証返納）ノ届出ニハ左記事項ヲ記載シ車輛検査証ヲ添附スベシ

一、申請（届出）者ノ住所氏名

二、自動車ノ種別及用途

三、車輛番号及機関番号

四、変更シタル事由又ハ返納ノ事由

第十一條　規則第四十七條第一項（一時運転）ノ許可ヲ受ケントスルモノハ同條所定ノ事項ヲ具シタル申請書二通ヲ提出スベシ

運転者ハ運転中許可証ヲ携帯シ第二号様式ノ許可標板ヲ車輛ノ前面

No.

及後面ノ見易キ箇処ニ標示スベシ

第十二條　規則第五十八條（運行地変更）ノ手続ヲ為スニハ所定届書ニ写真一枚（規則第五十條第二項所定ノモノ）及運転免許証並ニ同写シヲ添ヘ届出ツベシ

第十三條　規則第六十二條第一項第二号、第三号、第四号及同條第二項（運転免許証返納）ノ届出ニハ左ノ事項ヲ記載シ運転免許証又ハ仮運転免許証ヲ添付スベシ

一、届出者ノ住所氏名

二、運転免許ノ種別及免許証番号

三、返納ノ事由

No.

第十四條　車庫ヲ設置セントスル場所ハ左記各号ニ該当セザルコトヲ要ス、但シ交通及保安上支障ナシト認ムル事情アル時ハ斟酌スルコトアルベシ

一、有效幅員十米未満（人道ヲ除ク）ノ道路ニ面スル場所

二、道路ノ交叉点又ハ曲角附近

三、自動車停留場又ハ鉄道、軌道ノ踏切附近

四、学校、病院附近

五、前各号ノ外交通及保安上支障アリト認ムル場所

第十五條　規則第七十二條（車庫工事ノ竣工）ノ工事竣工ヲ為シタルトキハ左記事項ヲ具シ届出デ使用認可ヲ受クベシ

一、車庫主ノ住所氏名

0022　B列5　28字×19　南滿洲鐵道株式會社　(13. 9. 5.000冊)

No.

二、車庫ノ位置
三、新設（移転、改築、増設）許可年月日及番号
四、竣工年月日

第十六條　車庫内ノ消火設備ハ左記ニ依ルベシ
一、格納車一輛毎ニ應急消火器一箇以上ヲ備附クルコト
二、可燃性ノ油類二十「リットル」毎ニ砂二十「リットル」以上備附クルコト

第十七條　規則第七十六條（車庫ノ讓受、相続）ノ申請又ハ届書ニハ左ノ事項ヲ記載スベシ
一、車庫主及讓受人（相続人）ノ事務所住所氏名及生年月日
二、車庫ノ位置

No.

三、使用證ノ年月日及番号

四、申請（屆出）ノ事由

第十八條　規則第十七條第一項（速度ノ制限）表中其ノ他ノ自動車ニアリテハ前後車輛ヲ覆フ左側「フエンダー」ノ表面又ハ車体ノ左側見易キ箇所ニ邊ノ長サ二十粍ノ正三角形ヲ太サ三粍ノ白線ヲ以テ標示スヘシ

第十九條　規則第十七條第三項及第五項ニ依ル制限ニ就テハ別ニ佈告シ以テ之ヲ指定ス

第二十條　規則第二十條第三項（乗車、積載制限）又ハ同第百八條第二項（積載制限）ノ規定ニ依リ許可ヲ受ケントスルモノハ左記事項ヲ記載シタル申請書二通ヲ提出シ許可證第三号様式ノ許可標ノ交付ヲ受クヘシ

0099　D列5　28字×10　南満洲鉄道株式会社　(13.9.5,000冊

No.

一、申請者ノ住所氏名
二、申請ノ理由
三、運搬ノ日時、経路、方法（方法ハ牽引自動車使用ノ場合ニ限リ記入ヲ要セス）
四、制限超過ノ品名、長サ、幅、高サ、重量
五、被牽引車ノ構造

前項ニ依リ許可ヲ受ケタルトキハ運搬中許可書ヲ携帯シ許可ノ標ヲ積載物ノ上方若ハ車輛ノ前方見易キ箇所ニ標示シ使用後ハ遅滞ナク之ヲ返納スベシ

第二十一條　規則第四十八條ノ牽引装置又ハ車輛ノ牽引ニ適スル構造

No.

トハ右ノ各号ニ該当スルモノタルヲ要ス
一、連結装置ニ使用スル材料ハ牽引車ノ有スル最大牽引力ノ五倍以
上ノ張力ヲ有スルモノタルコト
二、連結装置ハ確実ニ保持シ得ベキモノタルコト
三、連結装置ハ緩衝ノ為必要ノ程度ヲ超エテ遊動セザルコト
第二十二条　被牽引車ヲ二輛以上連結スル場合ニアリテハ各被牽引車
ハ自動操向装置ヲ有スルモノタルヲ要ス、但シ各被牽引車ニ操車
手ヲ附スル場合又ハ特定ノ場所ニ於テ使用スルモノニシテ当庁ハ其ノ必
要ナシト認メタルモノニ在リテハ此ノ限ニ在ラズ
第二十三条　第四条（泥除）第六条（タイヤ、チェーン）第十条（一時運行許可

可證携帯又ハ許可票標示）第十六條（車庫内ノ消火設備）第十八條（正三角形標示）第二十條（制限外許可證携帯又ハ許可票標示）第二十二條（被牽引車自動操向裝置）ノ規定ニ違反シタル者ハ二十日以下ノ拘役又ハ二十円以下ノ罰金ニ処ス

附則

第二十四條　本令ハ公布ノ日ヨリ之ヲ施行ス

No.

第一號様式

首1.234

一、数字ノ太サハ普通自動車ハ長サ十糎、幅五、五糎、太サ一、四糎、各字ノ間隔一、二糎、特殊自動車ハ長サ八糎、幅四、五糎、太サ一糎、各字ノ間隔一糎、小型自動車ハ長サ七糎幅四糎太サ〇、八糎、各字ノ間隔〇、八糎トシ普通自動車ハ黒地ニ白書、特殊自動車ハ青地ニ白書、小型自動車ハ橙黄色ニ黒書スルコト

二、車輛番號千位以上ナルトキハ数字ノ太サト同直径ヲ有スル「〇」ヲ入ルコト

三、数字ハ亜刺比亜文字ヲ以テ金属板ニ記載シ「首」ノ字ヲ冠セシメ其ノ大サハ数字ノ大サヨリ稍小サクスルコト

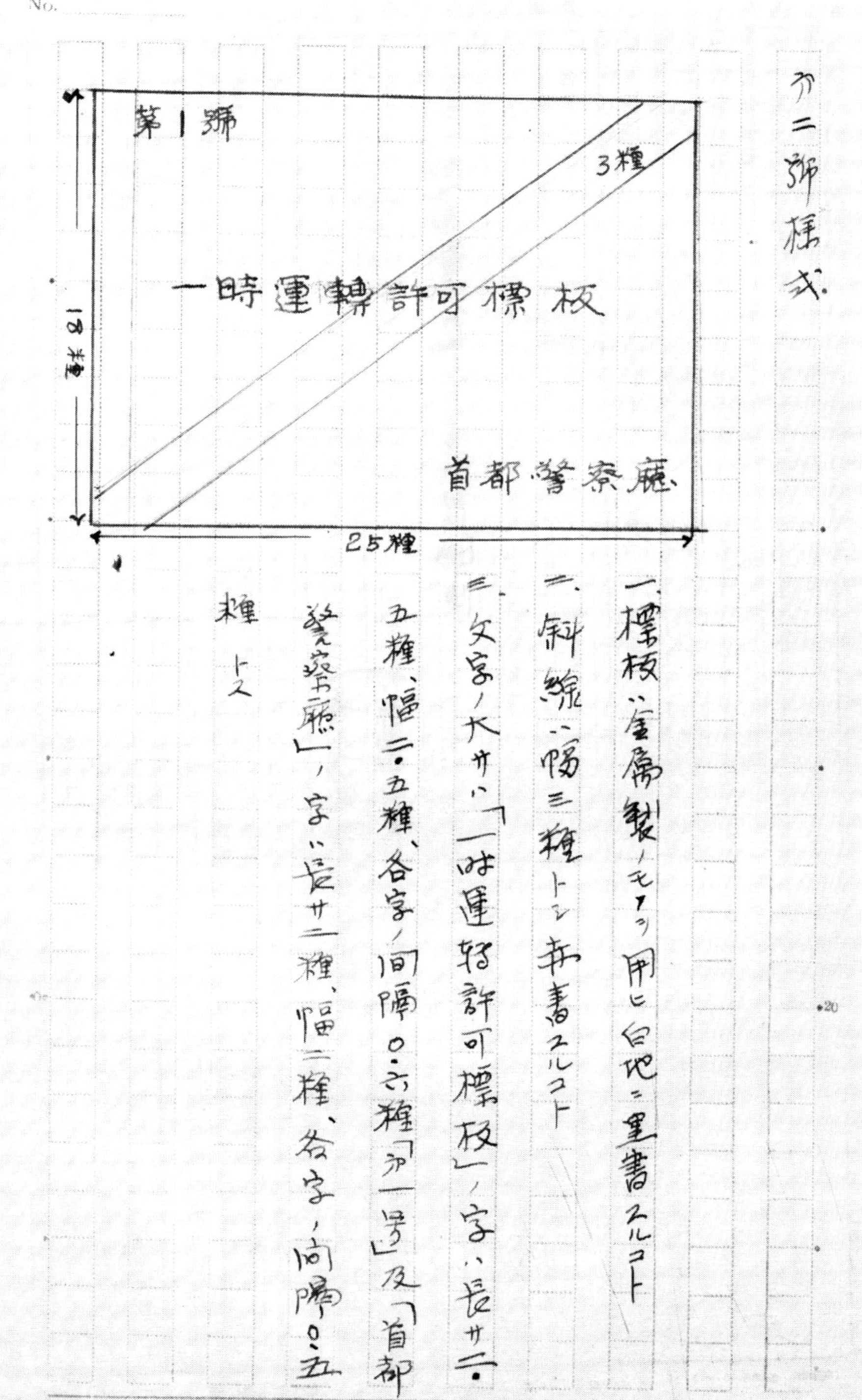

第二號標式

一、標板ハ金属製ノモノヲ用ヒ白地ニ黒書スルコト

二、斜線ハ幅三糎トシ赤書スルコト

三、文字ノ大サハ「一時運轉許可標板」ノ字ハ長サ二・五糎、幅二・五糎、各字ノ間隔〇・六糎「第一号」及「首都警察廳」ノ字ハ長サ二糎、幅二糎、各字ノ間隔〇・五糎トス

No.　タイプライター原稿用紙

自動車取締規則施行細則

（康徳三年四月七日
奉天省令第三号）

南満洲鐵道株式會社

ヨ―0024　B列5　32×15　●分割打字ヲ要スル原稿ハ五、六頁乃至一〇頁ニテ區切ルコト　(15. 5. 8.000冊 共和謄納)

No. タイプライター原稿用紙

自動車取締規則施行細則

（康徳三年四月七日奉天省令第三號）

第一條 自動車取締規則（以下單ニ規則ト稱ス）ニ依リ省長ニ提出スル申請書及屆書ハ正副二通ヲ所轄縣長（奉天市ニ在リテハ瀋陽警察廳長以下同ジ）ヲ經由スベシ

第二條 申請書及屆書ハ縱二十七糎横十九糎ノ用紙（美濃紙型）ヲ使用字體ハ明瞭ナルコトヲ要ス

第三條 規則第五條第十六條但書第十八條第一項第四號但書ノ許可ヲ受ケムトスル者ハ規則第三十二條又ハ第四十一條ノ申請書ニ其ノ事由ヲ附記スベシ

第四條 規則第六條ノ適度ノ安定ヲ有スル構造トハ左ノ制限ニ依ルモノトス

一、操行車輪ニ懸ル重量ハ自動車ガ水平面ニ在ルトキ其ノ總重量ニ對
以上タルコト

二、車輛重心ノ高サハ空車ノ場合ニ於テ最大轍間距離（左右兩輪ノ轍

南滿洲鐵道株式會社

ヨー0024 B列5 32×15 ●分割打字ヲ要スル原稿ハ五、六頁乃至一〇頁ニテ區切ルコト （15. 5. 5,000冊 ...）

No.　　タイプライター原稿用紙

ノ中心迄ノ距離ノ七割以内タルコト

三、側車附自動自轉車ニ在リテハ側車ノ車輪ニ懸ル重量ヲ其ノ總重量ノ三分ノ一以内タルコト

第五條　規則第七條ノ最短半徑トハ自動車ヲ最少圓形ニ廻轉シ其ノ最外側ニ描キ出サレタル圓ノ半徑ヲ謂フ但シ左右廻轉ニヨリ半徑ニ差異アル場合ハ其ノ大ナル方トス

第六條　規則第十四條第一項第二号ノ制動距離ハ自動車ノ走行中運轉者ガ制動措置ヲ操作セシトキノ自動車ノ位置ハ其ノ結果自動車ガ完全ニ停車セル位置ノ距離ヲ謂フ

第七條　規則第十五條ノ但書ノ許可ヲ受ケムトスル者ハ乘合自動車ニ在リテハ運轉路線又ハ運轉区域ヲ車体検査申請者ニ附記スベシ

第八條　規則第十九條但書ノ許可ハ特殊ノ事由ニ依リ一時的ノモノニ限リ之ヲ許ス

第九條　規則第二十三條第一項ノ市街地ハ奉天・営口、遼陽、鉄嶺、撫順トス

南滿洲鐵道株式會社

ヨ－0024　B列5　32×15　●分割打字ヲ要スル原稿ハ一五、六頁乃至一〇頁ニテ區切ルコト

No.　タイプライター原稿用紙

同條第四項ノ地域ハ奉天、營口ノ各市街地トシ其ノ構造装置ハ左ノ各號ニ依ルベシ

一、長サハ車輛ノ直徑ノ三分ノ二以上ニシテ幅ハ十五粍以上タルコト

二、下端ト地面トノ距離ハ三粍以内トシ轍トノ距離ハ六粍以内タルコト

三、車輪ノ運轉ニ連レ翩翻又ハ回轉セザルコト

第十條　規則第三十二條ノ申請書ハ第一號様式ニ依ルベシ

乘合自動車ニ在リテハ自動車運轉事業特許ノ事業計畫ニ依ル自動車構造圖ノ寫ヲ添附スヘシ

第十一條　規則第三十二條第一項第六號ノ乘車定員トハ乘客、運轉者、車掌、助手其ノ他從業員ノ全員ヲ包含シタルモノトス

第十二條　規則第四十條ニ依ル貨物自動車ノ最大積載量ノ標示ハ左ノ各號ニ依ルベシ

一、文字及數字ハ黑色又ハ白色トシテ亜剌比亜數字ヲ用フルコト

二、文字及數字ノ大サハ十二粍平方トシ間隔ハ二粍トス但シ已ムヲ得

南滿洲鐵道株式會社

ヨー0024　B列5　32×15　●分割打字ヲ要スル原稿ハ五、六頁乃至一〇頁ニテ區切ルコト　(15. 5. 5,000冊 ...)

No.　タイプライター原稿用紙

サル場合ハ適宜伸縮スルコトヲ得
前各號ノ外ニ車體後部ニ自家用又ハ營業用ノ文字ヲ標示スベシ但シ文字ハ大サハ縦二十糎幅十五糎トシ黒色又ハ白色トス

第十三條　自動車前面車輛番號ノ數字ハ後面番號板ノ數字ト同シ大サノモノヲ使用スベシ

第十四條　自動車ノ車體ニハ法令ノ規定ニ依ルモノノ外廣告其ノ他之ニ類スル表示ヲ爲スベカラズ但シ貨物自動車及乘合自動車ニシテ左ノ各號ニ該當シ且不體裁ニ渉ラザルモノハ此ノ限ニ在ラズ

一、使用主ノ住所氏名（法人ニ在リテハ其ノ名稱）商號又ハ商標

二、乘合自動車ノ内部ニ適當ナル設備ヲ爲シタル廣告又ハ表示

第十五條　規則第四十二條ノ定期又ハ臨時檢査ノ通知ヲ受ケタルトキハ指定ノ日時場所ニ自動車ヲ携行スヘシ

第十六條　自動車檢査ノ際ハ所有者又ハ運轉者立會スルコトヲ要ス

第十七條　規則第四十七條ニ依ル一時運轉許可標板ハ車體ノ前面及後面睹易キ箇所ニ確實ニ附着スベシ

南滿洲鐵道株式會社

ヨー0024　B列5　32×15　●分割打字ヲ要スル原稿ハ五、六頁乃至一〇頁ニテ區切ルコト　(15. 5. 5,000冊)

No.　タイプライター原稿用紙

一時運轉許可証ハ運轉中携行シ警察官吏ノ要求アリタルトキハ提示スベシ

第十八條　自動車車庫ハ左ニ掲グル場所ニ設置スルコトヲ得ズ但シ土地ノ状況ニ因リ之ヲ斟酌スルコトアルベシ

一、有效幅員五米未滿ノ通路ニ面シタル場所

二、道路ノ交叉點又ハ曲角鐵道軌道ノ踏切若ハ橋梁ヨリ十五米以内ノ場所

三、電車停留場又ハ引返シ場所ヨリ三十米以内ノ場所

四、消防機具置場又ハ消火栓ノ附近十米以内ノ場所

五、學校病院ヨリ三十米以内ノ場所

六、前各號ノ外保安交通上支障アリト認ムル場所

第十九條　車庫ノ構造設備ハ規則第七十三條ノ外左ノ各號ニ依ル溜桝ヲ設置スベシ但シ許可ヲ受ケタルモノハ此ノ限ニ在ラズ

一、「コンクリート」造又ハ煉瓦造ト爲スコト

二、深サ一米以内トシテ排水口ヲ底部ヨリ五十糎以上ノ箇所ニ設ルコ

南滿洲鐵道株式會社

ヨ—0024　B列5　32×15　●分割打字ヲ要スル原稿ハ五、六頁乃至一〇頁ニテ區切ルコト　(15. 5. 5,000冊)

No.　タイプライター原稿用紙

ト

三．鐵製ノ格子蓋ヲ設クルコト

四．床面ニハ汚水ヲ溜桝ニ收容スベキ勾配又ハ溝ヲ設クルコト

第二十條　規則第七十一條第一項第六條車庫ノ構造及同第八號燃油滑油ノ貯藏裝置ノ圖面ハ百分ノ一圖面ヲ添附スベシ

第二十一條　車庫主車庫管理人ヲ選任セタルトキハ規則第七十四條各號外管理人ノ住所氏名ヲ掲示スベシ

第二十二條　車庫内睹易キ箇所ニ出入者ノ注意スベキ事項ヲ掲示スベシ

第二十三條　規則第八十七條自動車道路ニ於テ運轉スル自動車ノ最高速度ハ六十粁トス

第二十四條　規則第八十九條ノ商標ハ運轉者台ノ反對側右（左）上角ノ位置ニ表示スベシ

第二十五條　規則第九十條第四項及第百八條第二項ノ許可ヲ受ケタルモノハ運轉中許可証ヲ携行スベシ

第二十六條　規則第九十二條ノ信號ハ交通整理ノ行ハルル交叉點ニ於テハ其

南滿洲鐵道株式會社

No.　タイプライター原稿用紙

ノ曲角ヨリ十五米停止線ノ設ケアル場所ニ於テハ停止線ヨリ十米前方ニ於テ為スベシ

第二十七條　自動車運轉者ハ規則ニ定メラレタル事項ノ外自動車運轉中左ノ事項ヲ遵守スベシ

一、警察官吏停車ヲ命ジタルトキハ直ニ之ニ應ズルコト

二、乘客ノ乘降ヲ終ヘタル後ニ非ザレバ發車スベカラザルコト

三、警察官吏又ハ乘客ノ要求アリタルトキハ運轉免許證ヲ提示スルコト

四、貨物自動車及空車ハ後續乘用自動車及實車ニ對シ避讓徐行スル等其ノ進行ヲ阻害セザル様注意スルコト

五、自動車二台以上連續進行スル場合ハ前車トノ間ニ危険豫防上安全ナル距離ヲ保ツコト

六、牛馬車ニ接近シタル場合ハ恐奔セシメザル様注意スルコト

第二十八條　營業用自動車ノ運轉者ハ前條規定以外ニ左ノ事項ヲ遵守スベシ

南滿洲鐵道株式會社

No.　タイプライター原稿用紙

一、名義ノ如何ヲ問ハズ定額以外ノ運賃ヲ要求セザルコト
二、公衆ニ對シ濫ニ乗車ヲ勧誘セザルコト
三、正當ノ事由ナクシテ乗車ヲ拒ミ又ハ降車ヲ要求セザルコト
四、客ノ求メナキ場所ニ到リ又ハ故意ニ迂路ヲ採ラザルコト
五、乗客降車ノ際ハ遺留品ノ有無ニ注意スルコト
六、自動車内ハ常ニ清潔ヲ保ツコト
七、料金表、車輌検査証其ノ他車室内ニ掲示スルモノハ常ニ明瞭ナラシムルコト
八、老幼婦女乗降ノ際ハ特ニ保護スルコト
九、運轉者ノ氏名ヲ車内見易キ箇所ニ掲示スルコト
十、運轉中服装ハ端正ニシテ不潔ナラザルコト

第二十九條　運轉者前車ヲ追越サムトスルトキハ警音ニ依ル信号ヲ為シ前車ガ避讓又ハ規則第九十二條第三項第五號ノ信號ヲ為シ安全ニ追越シ得ルコトヲ確認シタル後之ヲ為スベシ

前項ノ信號ハ短音二聲ヲ発スベシ

南満洲鐵道株式會社

ヨ—0024　B列5　32×15　●分割打字ヲ要スル原稿ハ五、六頁乃至一〇頁ニテ區切ルコト　(15, 5, 8,000部)

No.　タイプライター原稿用紙

第三十條　營業用ノ自動車ノ乘客ハ左ノ事項ヲ遵守スベシ

一、進行中乘車下車ヲ爲サザルコト

二、車内ニ於テ放歌、喧騷シ又ハ他人ノ迷惑トナリ若ハ見苦シキ行爲ヲ爲サザルコト

三、濫ニ運轉者ニ話掛ケ其ノ他運轉ノ妨害ヲ爲サザルコト

第三十一條　當該官吏ハ必要ト認メタルコトハ自動車及車庫ノ臨檢ヲ爲スコトアルベシ

第三十二條　各種申請屆出ニシテ自動車ノ檢査及同運轉免許試驗其ノ他手數料規則ニ依リ納付スベキ手數料ハ樣式第二號ノ納付書ニ收入印紙ヲ貼附シ申請書ト共ニ提出スベシ

第三十三條　第九條ノ市街地ヲ主タル運轉地トスル自動車ニシテ規則第二十三條所定ノ方向指示器及後面寫鏡ノ備附ヲ怠リタル者第十二條、第十四條乃至第十七條、第二十一條、第二十二條、第二十四條乃至第二十八條ニ違反シタル者、第二十九條ノ當該官吏ノ臨檢ヲ拒ミタル者ハ一箇月以下ノ拘役又ハ百圓以下ノ罰金ニ處ス

ヨ－0024　B列5　32×15　●分割打字ヲ要スル原稿ハ五、六頁乃至一〇頁ニテ區切ルコト　(15. 5. 5,000冊)

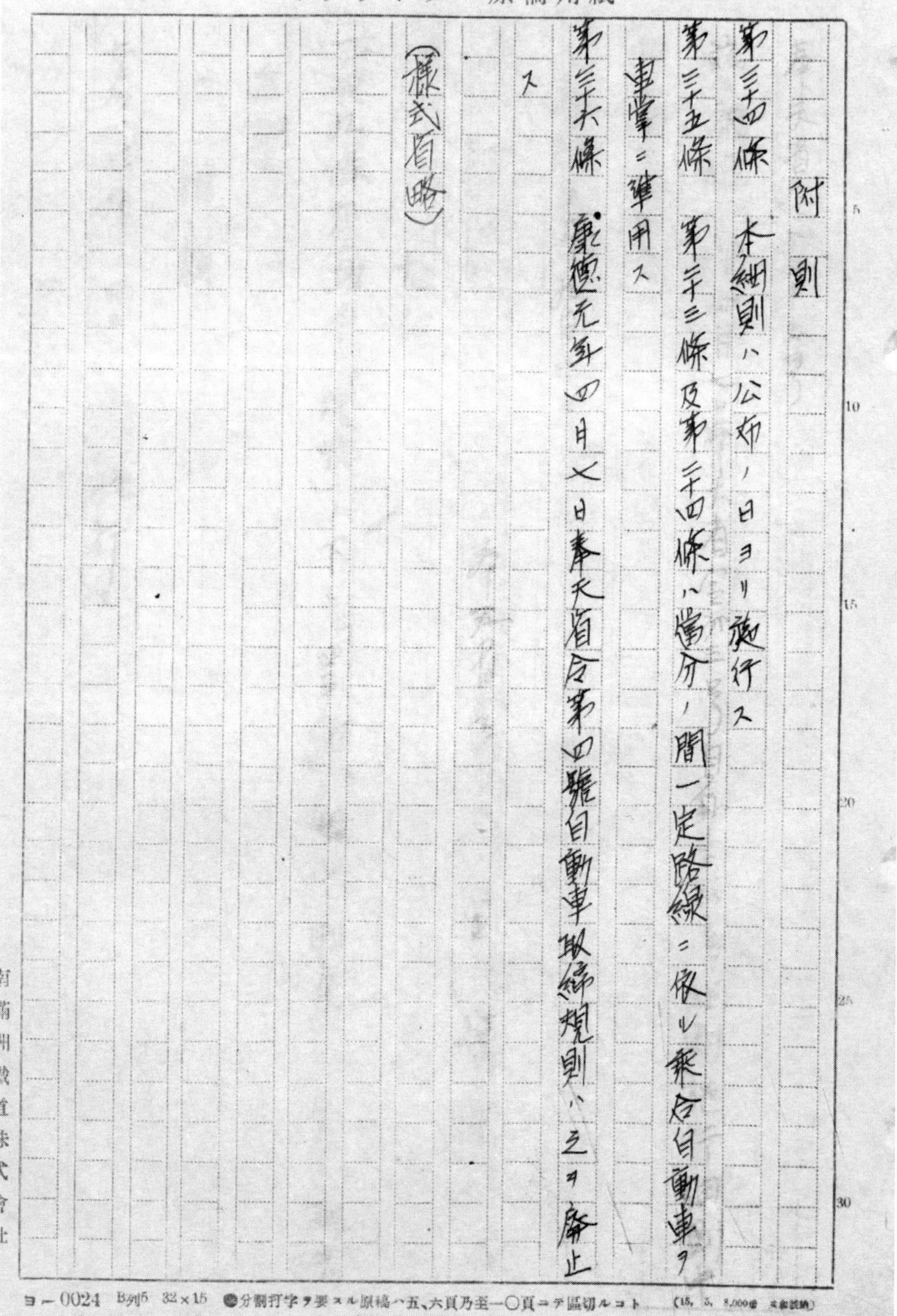
No.　タイプライター原稿用紙

附則

第三十四條　本細則ハ公布ノ日ヨリ施行ス

第三十五條　第三十三條及第三十四條ハ當分ノ間一定路線ニ依ル乘合自動車ヲ專業ニ準用ス

第三十六條　康德元年四月七日奉天省令第四號自動車取締規則ハ之ヲ廢止ス

（様式省略）

南滿洲鐵道株式會社

ヨ—0024　B列5　32×15　◉分割打字ヲ要スル原稿ハ五、六頁乃至一〇頁ニテ區切ルコト　(15. 5. 5,000冊 文書課納)

No.

奉天省令第三十五号

康徳三年四月七日奉天省令第三号自動車取締規則施行細則中
左ノ通リ改正ス

康徳五年九月七日

奉天省長　金榮桂

左記

一、第九條第一項中「瀋陽」ノ下ニ「四平街、鞍山、開原」ノ三市街ヲ
追加ス

附則

本令ハ公布ノ日ヨリ之ヲ施行ス

No.

奉天省公署警務庁訓令（奉警治第六八号）

瀋陽、安東警察庁

各縣警務局　ニ令ス

自動車ハ交通ニ関係シ極メテ重要ナリ庁局ハ管内ニ於ケル現在ノ自動車及自動車運輸営業者並ニ其ノ運転手ノ数若干アルヤヲ至急詳細ニ調査シ以テ統計ニ資スベシ茲ニ表式ヲ制定シ本令文ト共ニ発送スルニ付査照ノ上記入報告スベシ尔来毎月末現存ノ数目ヲ翌月十五日前ニ報告シ審査ニ供スベシ貴庁局ハ直チニ遵照処理スベシ此ニ令ス

附　表式一枚

大同二年十一月二十九日　奉天省公署警務庁長　三谷清

ヨ—0022　B列5　20字×10　南満洲鉄道株式会社　（13.9.5,000）

No.

自動車調査表

大同二年十月末現在数

種類	數	摘要
自動車（自用・營業用）		
載貨車		
公衆自動車		
郵便車		
消防車		
散水車		
衛生車		
其ノ他		
計		
自動車運輸營業		
自動車運轉手		

備考

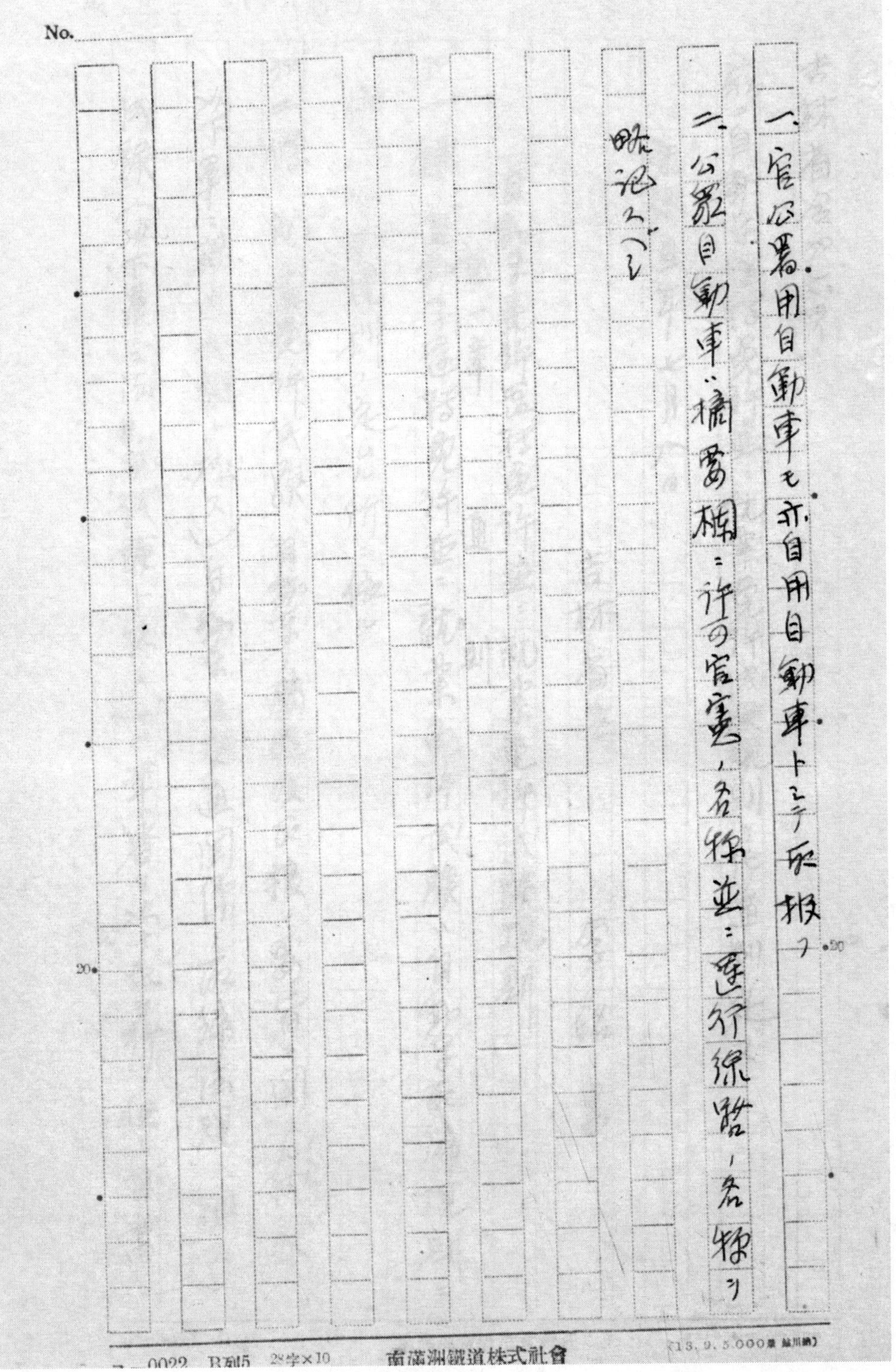

No.

一、官公署用自動車モ亦自用自動車トシテ取扱フ

二、公衆自動車ハ摘要欄ニ許可官憲ノ名称並ニ運行線路ノ名称ヲ略記スベシ

0022　B列5　28字×10　南滿洲鐵道株式會社

No.

吉林省令第六号

茲ニ自動車運轉免許並ニ就業免許試験規則ヲ左ノ通制定ス

康徳三年七月八日

吉林省長 李銘書

自動車運轉免許並ニ就業免許試験規則

第一章 通則

第一條 自動車運轉免許並ニ就業免許試験ハ自動車取締規則ニ依ルノ外本規則ノ定ムル所ニ依ル

第二條 就業免許試験ハ自動車ノ構造及取扱ノ要旨ニ関スル試験（以下單ニ構造試験ト称ス）自動車及交通関係ノ取締法規ニ関スル試験（以下單ニ法規試験ト称ス）ハ筆答ヲ以テ之ヲ行フ但シ自書ニ

ヨ—0022 B列5 28字×10 南滿洲鐵道株式會社

No.

得ザル者ニ對シテハ口頭ニ依ルコトアルベシ
第三條　試驗ノ日時場所ハ試驗ノ前直接受驗者ニ之ヲ通知ス但シ公告ヲ以テ之ニ代フルコトアルベシ
第四條　指定ノ日時ニ試驗ヲ受ケザリシ者ハ不合格ト看做ス但シ天災事變ニヨリ試驗場ニ出頭シ能ハザリシ者及試驗延期ノ承認ヲ受ケタル者ハ此ノ限ニ在ラズ
天災事變ノ場合ヲ除クノ外試驗ヲ受クルコト能ハザル者ハ其ノ事由ヲ具シ試驗前日迄ニ試驗官ニ屆出デ試驗延期ノ承認ヲ受クベシ
第五條　不正ノ方法ニ依リ受驗シタル者ハ不合格トス

ヨ—0022　B列5　28字×10　南滿洲鐵道株式會社　(13. 9. 5.000冊 [illegible])

No.

第六條　前條ニ依リ不合格トナリタル者ハ其ノ決定ノ日ヨリ六ケ月ヲ経過スルニ非ザレバ試験ヲ受クルコトヲ得ズ

第七條　自動車ノ運轉技能ニ関スル試験（以下單ニ運轉試験ト称ス）ニ合格シタル者ニ非ザレバ構造試験及法規試験ヲ行ハズ

第八條　普通免許運轉試験自動車使用料ハ一人一回ニ付キ國幣三圓ヲ前納スベシ

受験者故意又ハ過失ニ因リ車体及附属品ヲ毀損或ハ亡失シタルトキハ之ヲ賠償セシムルコトアルベシ

第九條　試験ニ合格シタル者ハ吉林省公報又ハ其ノ他ノ方法ニ依リ之ヲ公告ス

No.

第二章　自動車運転免許試験

第十條　自動車運転免許（以下単ニ運転免許ト称ス）ヲ受ケントスル者ハ別記第一号様式ニ依リ申請ヲ為スベシ

第十一條　運転試験ニ合格シ構造試験又ハ法規試験ニ合格セザリシ者ハ不合格トナリタル日ヨリ二箇月以内ニ一回限リ再試験ノ申請ヲ為スコトヲ得

前項ノ申請ヲ為サントスル者ハ別記第二号様式ニ依ルベシ

第十二條　運転試験ハ実地ニ自動車ヲ運転セシメテ之ヲ行ヒ構造試験ハ自動車ノ構造及取扱要旨ニ付法規試験ハ自動車及交通ニ関スル取締法令ニ付之ヲ行フ

No.

第十二條 運轉試驗ハ普通免許ニ在リテハ普通自動車、特殊免許ニ在リテハ特定ノ特殊自動車ノ一種ニ付之ヲ行フ

第十四條 現ニ運轉免許ヲ有シ其ノ有效期間滿了後引續キ自動車ヲ運轉セントスル者ニ在リテハ別記第三号様式ニ依リ申請ヲ為スベシ

前項ノ申請者ニ對シテハ試驗ノ全部ヲ免除ス但シ左ノ各号ニ該當スル者ハ此ノ限ニ在ラズ

一、免許ノ有效期間中自動車取締規則又ハ交通関係法令ノ違反ニヨリ五回以上ノ處分ヲ受ケタル者ニ對シテハ法規試驗ヲ行フ但シ情状ニ依リ之ヲ免除スルコトアルベシ

二、免許ノ有效期間中特ニ顯著ナル處分ヲ受ケタル者ニ在リテハ法規

ヨー0022 B列5 28字×10 南滿洲鐵道株式會社 (13. 9. 5,000冊 [illegible])

No.

試験ノ外情状ニ依リ運転試験ヲ行フ
三、既往六ケ月内ニ運転ノ事実ナキ者ニ対シテハ運転試験ヲ行フ
第三号ノ試験ニ合格セザル者ハ免許ノ有効期間内ニ限リ再試験ノ申請ヲ為スコトヲ得
再試験ヲ受ケントスル者ハ別記第二号様式ニ依リ申請ヲ為スベシ
第十五條 普通免許ヲ有シ特殊免許ヲ受ケントスル者ニ対シテハ当該特定種類ノ特殊自動車ニ特有ナル構造取扱方法ノ要旨其ノ他ノ運転技能ニ付試験ヲ行フ
第十六條 特殊免許ヲ有シ普通免許又ハ異種ノ特殊免許ヲ受ケントスルスル者ニ対シテハ現在所有スル特殊免許ニ依リ運転シ得ル特定種類

ヨ—0022 B列5 28字×10 南滿洲鐵道株式會社 (13.9. 5,000冊 箱川納)

No.

ノ特殊自動車ニ類似セザル構造及取扱方法ノ要旨並ニ運轉技能ニ付試驗ヲ行フ

第十七條　「ロードローラー」「グレーダー」及耕作用自動車ニ在リテハ運轉試驗及法規試驗ヲ行フコトヲ得ルベシ

農業自動車、産業自動車ニ在リテハ運轉試驗及法規試驗ノ外其ノ自動車ニ特有ナル取扱方法ノ要旨ニ付試驗ヲ行フ

特殊自動車タル自動自動車、側車附自動自轉車、後車附自動自轉車及自動三輪車ニ在リテハ運轉試驗及法規試驗ヲ行フ

前三項以外ノ特殊自動車ニ在リテハ試驗ノ全部ヲ行フ

第十八條　自動車取締規則施行區域外ノ行政廳ニ於テ與ヘタル運轉

ヨ—0022　B列5　28字×10　南滿洲鐵道株式會社　(13.9.5,000冊 新川)

免許ヲ有スル者ニ対シテハ法規試験ヲ行フ但シ構造試験及運転試験ニ付テハ其ノ人ノ所有スル運転免許ノ性質ニ従ヒ第三條ニ準ズル試験ヲ行フコトアルベシ

第十九條　民政部大臣ノ指定セル学校ノ機械科卒業者ニシテ在学中自動車ノ構造ニ関スル学科ヲ修得シタル者ニ対シテハ構造試験ヲ免除ス

第二十條　民政部大臣ノ指定シタル者ノ発行スル技倆証明書ヲ有スル者ニ対シテハ法規試験ヲ行フ

第三章　就業免許試験

第二十一條　就業免許ヲ受ケントスル者ハ別記第四号様式ニ依リ申請

No.

シ為スベシ

第二十二條　就業試驗免許試驗ハ吉林省内ノ地理及吉林省ニ於テ規定シタル交通関係法令中運轉者ニ必要ナル事項ニ付之ヲ行フ

第二十三條　小型自動車就業免許試驗ハ第二十二條ニ依ル試驗ノ外小型自動車中ノ一種ニ付運轉試驗ヲ行フ

前項ノ試驗ハ第十一條ノ規定ヲ準用ス

附則

本規則ハ公布ノ日ヨリ之ヲ施行ス

No.

一號様式

汽車司機免許呈請書（自動車運轉免許申請書）

呈請（申請）者	
籍貫（本籍）	
住址	
職業姓名	年月日生
戸主関係	
及家族	

免許之種別

請於考試之後發給汽車司機免許證茲同履歷書、健康診斷書及像片三張呈請

鑒核謹呈

（試験上自動車運轉免許证下附相成度別紙履歴書、健康診断書及写真三枚相添ヘ此段及申請候也）

呈請者　㊞

年　月　日

（註）（所附像片應縱八糎橫五糎應於下部一糎之處以晒相表出其姓名年齢）

（添附写真ハ縦八糎横五糎ニシテ下部一糎ノ処ニ焼付ケ以テ姓名年齢ヲ表ハスベシ）

No.

投

二號樣式

汽車司機（自動車運轉）（繼續、就業）免許再考試呈請書（再試驗申請書）

呈請（申請）者	籍貫（本籍）
	住址
	姓名　　　　年　月　日生
投考（受驗）種別	
前回投考（試驗）年月日	
投考號碼（受驗番號）	
投考（受驗）科目	（構造法規考試等之別）

茲擬請（云云）再考試理合呈請（右（何々）再試驗致シ度此段及申請候也）

鑒核謹呈

吉林省長

年　月　日

呈請者　（印）

No.

第三號樣式

汽車司機（自動車運轉）免許繼續呈請（申請）書

呈請（申請）者	籍貫（本籍）	
	住址	
	姓名	年　月　日生
免許之種別及號碼（番號）		免許（第　種）第　號
免許之有效期間		自　年　月　日　至　年　月　日

查於　年　月　日發給之司機免許因至　年　月　日有效期間屆滿擬請繼續運轉懇請

准予發給繼續司機免許理合檢同就業履歷書、像片三枚、健康診斷書、免許證抄件等呈請

鑒核　謹呈

（　年　月　日附下附　運轉免許證　年　月　日ヲ以テ有效期間滿了ノ處引續キ運

轉致シ度繼續運轉免許相成度　別紙就業履歷書、寫眞三枚、健康診斷書　免許證寫相添

ヘ此段及申請候也）

年　月　日

呈請者　㊞

オ—0022　B列5　28字×10　南滿洲鐵道株式會社　（13.9.5.000冊 ……）

No.

第四号様式

×汽車（自動車）就業免許呈請（申請）書

呈請（申請）者
籍貫（本籍）
住址
姓名　　年　月　日生

司機（運轉）免許
種別及號碼（番号）
有效期間　自　年　月　日　至　年　月　日

雇主
住址
職業
姓名

茲擬在貴省供一般公衆用之汽車請發給就業免許理合檢同司機免許證抄件健康診斷書及履歷書等呈請
鑒核謹呈

（一般公衆用ニ供スル自動車ノ運轉致度ニ付就業免許相成度別紙運轉免許證写、健康診斷書及履歴書相添ヘ此段及申請候也）

吉林省長

年　月　日

呈請者　　印

ヨ—0022　B列5　28字×10　南滿洲鐵道株式會社　（13.9.5,000冊）

No.

通化省令第二号

茲ニ自動車取締規則施行細則ヲ左ノ通リ制定ス

康德五年九月十五日

通化省長　丁超

自動車取締規則施行細則

第一條　自動車取締規則（以下單ニ規則ト稱ス）ニ依リ省長ニ提出スル申請書及屆書ハ正本ノ外副本二通ヲ作成シ所轄警察署長ヲ經由スヘシ

第二條　申請書及屆書ハ美濃型用紙ヲ使用シ字体ハ明確ナルコトヲ要ス

ヨ—0022　B列5　28字×10　南滿洲鐵道株式會社　（13. 9. 5.000冊）

No.

第三條　規則第五條第十五條但書、第十六條但書、第十八條第一項第四号但書、第十九條但書、及第二十三條第四項但書ノ許可ヲ受ケントスルモノハ規則第三十二條ノ申請書ニ其ノ事由ヲ附記スベシ但シ車輛検査合格後ノモノニ在リテハ規則第四十一條第二項ノ規定ニ準ジ之ガ手續ヲ為スベシ

第四條　規則第二十三條第一項ノ規定ニ依ル指定市街地及同條第四項ニ依ル指定地域ハ通化街区域一円トス

第五條　規則第四十條ニ依ル貨物自動車ノ最大積載量ノ標示ハ左各号ニ依ルベシ

一、文字及数字ハ黒色又ハ白色トシ数字ハ亜刺比亜数字ヲ

No.

用フルコト

二、文字及数字ノ大サハ十二糎平方トシ間隔ハ二糎トス、

但シ已ムヲ得ザル場合ハ適宜伸縮スルコトヲ得

前各号ノ外車体後部ニハ自家用又ハ営業用ノ文字ヲ標示スベシ

但シ文字ノ大サハ縦二十糎横十五糎トシ黒色又ハ白色トス

第六條　自動車ノ車体ニハ法令ノ規定ニ依ルモノノ外広告其他ニ

類スル表示ヲ掲スベカラズ、但シ貨物自動車及乗合自動車ニシテ

左ノ各号ニ該当シ且不体裁ニ亘ラザルモノハ此ノ限ニ在ラズ

一、使用主ノ住所氏名（法人ニ在リテハ其ノ名称）商号又ハ商標

二、乗合自動車ノ内部ニ適当ナル設備ヲ為シタル広告又ハ表示

No.

第七條　規則第四十二條ノ規定ニ依ル定期又ハ臨時車輛検査ノ通知ヲ受ケタルトキハ指定ノ日時、場所ニ自動車ヲ携行スベシ

第八條　規則第四十七條ノ規定ニ依ル一時運轉許可表ハ車体ノ前面及後面見易キ箇所ニ標示スベシ

一時運轉許可証ハ運轉中携行シ警察官ノ要求アリタル時ハ提示スベシ

第九條　規則第九十二條ノ規定ニ依ル交叉点ニ於ケル方向轉換ノ信号ハ曲角到着前約二十米ノ地点ニ於テ之ヲ為スベシ

第十條　自動車運轉者ハ規則ニ定メラレタル事項ノ外自動車運轉中他ノ事項ヲ遵守スベシ

No.

一、警察官吏又ハ乗客ノ要求アリタル時ハ運転免許証ヲ提示スルコト
二、牛馬車ニ接近シタル場合ハ恐奔セシメザル様注意スルコト
第十一條　警察官吏必要ト認メタルトキハ自動車ノ検査ヲ為シ又ハ車輦ノ臨検ヲ為スコトアルベシ
第十二條　自動車車輌検査及同運転免許試験其ノ他手数料規則ニ依リ納付スベキ収入印紙ハ其ノ申請書又ハ届書ニ貼附スベシ
第十三條　規則第一号様式ノ二備考四ニ依ル前面車輌番号板ハ第一号様式ノ二ト同一様式トス
第十四條　規則第二号様式（車室内車輌番号板）及第三号様式（一時運転許可標板）ノ文字ノ大サハ左ノ各号ニ依ルベシ

ヨ―0022　B列5　28字×10　南満洲鐵道株式會社　(13. 9. 5,000冊 [illegible])

No.

一、車室内車輌番号板ノ文字ノ大サハ長サ三糎幅二、三糎大サ〇、五糎トス但シ「車輌番号」ノ文字ノ大サハ数字ノ約四分ノ一トス

二、一時運轉許可標板ノ大サハ長サ三、五糎太サ〇、五糎トス

第十五條　第四條ノ市街地ヲ主タル運轉地トスル自動車ニシテ規則第二十三條所定ノ方向指示器、後写鏡及泥除ノ備附ヲ怠リタル者第五條乃至第十條ニ違反シタル者及第十一條ノ警察官吏ノ臨検ヲ拒ミタル者又ハ本細則ニ基キ発スル命令ニ違反シタル者ハ二十日以下ノ拘留又ハ二十円以下ノ科料ニ處ス

附則

本施行細則ハ公布ノ日ヨリ之ヲ施行ス

ヨ—0022　B列5　28字×10　南滿洲鐵道株式會社　(13.9.5.000冊)

No.

通化省令第四号

茲ニ自動車運轉免許及就業免許試驗規則ヲ左ノ通リ制定ス

康德五年九月十五日

通化省長　丁超

自動車運轉免許及就業免許試驗規則

第一條　自動車運轉免許及就業免許試驗ハ本規則ニ依ル

第二條　試驗ノ日時、場所及其ノ他受驗者ノ心得ベキ事項ハ試驗施行前申請人ニ通知ス但シ場合ニヨリ佈告ヲ以テ之ニ代フルコトアルベシ

第三條　申請人指定ノ日時ニ試驗ヲ受ケザルトキハ不合格ト看做ス

No.

已ムヲ得ザル事由ニ因リ試験施行前迄ニ指定ノ日時ニ受験スルコト能ハザル旨届出デタル者ニ対シテハ試験ノ日時ヲ変更スルコトアルベシ

第四條　受験中不正行為アリタル者ハ退場ヲ命ズ不正行為ニヨリテ受験シタル者ハ其ノ試験ヲ不合格トス

免許後前項ノ事実発覚シタル時ハ其ノ免許ヲ無效トシ免許証ヲ返納セシム

第五條　前條ニ依リ試験不合格トナリタル者又ハ免許無效トナリタル者ハ其ノ決定ノ日ヨリ六箇月ヲ経過スルニ非ザレバ試験ヲ受クルコトヲ得ズ

第六條　運轉免許試驗ハ運轉試驗、構造試驗、法規試驗ノ三種トシ左ニ依リ之ヲ行フ

一、運轉試驗　實地ニ自動車ヲ運轉セシム

二、構造試驗　自動車ノ構造及取扱方法

三、法規試驗　自動車及交通ニ關スル法規

構造試驗及法規試驗ハ運轉試驗ニ合格シタル者ニ付筆記ニ依リ之ヲ行フ但シ自書スルコト能ハサル者ニ對シテハ口頭ニ依リ之ヲ行フコトアルヘシ

第七條　普通免許運轉試驗ヲ受ケントスル者ハ省長ノ指定スル自動車ヲ使用スヘシ但シ省長ノ承認ヲ得タルトキハ此ノ限ニ在

No.

ラズ

第八條　普通免許運轉試驗用自動車ノ使用料ハ一人一回ニ付國幣三円トス

前項ノ使用料ハ受驗前現金ヲ以テ納入スベシ

第九條　受驗者故意又ハ過失ニ因リ試驗用自動車ヲ毀損シ又ハ附屬品ヲ亡失シタルトキハ之ヲ賠償セシムルコトアルベシ

第十條　運轉免許試驗ノ評點ハ一種目百點ヲ滿點トシ運轉二十點以上構造及法規合四十點以上ニシテ各種目平均六十點以上ヲ以テ合格トス但シ一種目ノミニ付試驗ヲ施行シタル場合ニ於テハ評點六十點以上ヲ以テ合格トス

No.

第十一條　運轉試驗ニ合格シ構造又ハ法規試驗ニ合格セサル者ハ更ニ次回構造又ハ法規試驗ヲ受クルコトヲ得

第十二條　運轉試驗ハ普通免許ニ在リテハ普通自動車中ノ一種ニ付特殊免許ニ在リテハ特定種類ノ一種ノ特殊自動車ニ付之ヲ行フ

第十三條　運轉免許ヲ有シ有效期間満了後引續キ自動車ヲ運轉セントスル者ニ對シテハ試驗ノ全部ヲ省畧ス但シ左ニ該當スルトキハ第一号該當者ニ對シテハ法規試驗第二号該當者ニ對シテハ運轉及法規試驗第三号該當者ニ對シテハ運轉試驗ヲ行フ

No.

一、現ニ有スル免許ノ有效期間中自動車又ハ交通関係法規ノ違反ニヨリ五回以上ノ處分ヲ受ケタル者

二、現ニ有スル免許ノ有效期間中自動車又ハ交通関係法規ノ違反ニヨリ顯著ナル處分ヲ受ケタル者

三、既往六ヶ月以内ニ運轉ノ事実ナキ者

前項ノ試驗ニ合格セザル者ニ對シテハ更ニ日時ヲ指定シテ再試驗ヲ行フコトアルベシ但シ有效期間満了後ハ此ノ限ニ在ラズ

第十四條　普通免許ヲ有シ特殊免許ヲ受ケントスル者ニ對シテハ右該特定種類ノ特殊自動車特有ノ構造及取扱方法ノ要旨並ニ其ノ運轉技術ニ付試驗ヲ行フ

No.

第十五條　特殊免許ヲ有シ普通免許又ハ其種ノ特殊免許ヲ受ケントスル者ニ對シテハ現ニ有スル特殊免許ニ依リ運轉シ得ル特殊定種類ノ特殊自動車ニ類似セザル構造及取扱方法ノ要旨並ニ其ノ運轉技術ニ付試驗ヲ行フ

第十六條　「ロードローラー」「グレーダー」及耕作用自動車ニ在リテハ運轉試驗及法規試驗ヲ行フ蒸氣自動車、電氣自動車ニ在リテハ運轉試驗及法規試驗ノ外其ノ自動車ニ特有ナル取扱方法ノ要旨ニ付簡單ナル試驗ヲ行フ

第十七條　特殊自動車タル自動自轉車、側車附自動自轉車、後車附自動自轉車、及自動三輪車ニ在リテハ運轉試驗及簡單ナル法

No.

規試験ヲ行フ

第十八條　第二條以外ノ特殊自動車ニ在リテハ運轉試験及簡單ナル法規試験ヲ行フ

第十九條　小型免許ヲ受ケントスル者ニ對シテハ試験ノ全部ヲ省略ス

第二十條　取締規則第五十二條第一項第五號ニ依リ治安部大臣ノ指定シタル者ノ發行セル運轉免許証又ハ技術証明書ヲ有スル者ニ對シテハ法規試験ヲ行フ、但シ構造試験及運轉試験ハ申請人ノ有スル運轉免許又ハ技術証明ノ性質ニ從ヒ第六條ニ準シ之ヲ行フコトアルヘシ

第二十一條　治安部大臣ノ指定シタル學校ノ機械科卒業者ニシテ在學

No.

中自動車ノ構造ニ関スル学科ヲ修得シタル者ニ対シテハ構造試験ヲ
省略ス

第二十二條　就業免許試験ハ筆記ニ依リ左ノ各号ニ付キ之ヲ行フ

但シ自書スルコト能ハサル者ニ対シテハ口頭ニ依ルコトアルベシ

一、通化省及之ニ隣接スル地方ノ地理

二、自動車交通関係法規ニシテ就業上必要ナル事項

三、其他就業上必要ナル事項

第二十三條　主タル就業地ヲ変更シタル者ニシテ前條ノ試験ニ合格
セザル者ニ対シテハ更ニ日時ヲ指定シテ両試験ヲ行フコトアルベシ

第二十四條　小型自動車ニ依ル就業免許試験ハ第二十二條ニ依ル

No.

ノ外小型自動車中ノ一種ニ付運轉試驗ヲ行フ但シ就業地変更ニ依ル場合ハ之ヲ省略ス

第二十五條　第六條第十條及第十一條ノ規定ハ就業免許試驗ニ之ヲ準用ス

附則

第二十六條　本規則ハ公布ノ日ヨリ之ヲ施行ス

No.

濱江省公署訓令濱警保第一七二九号

一

警務廳長

各縣長　ニ令ス

自動車取締規則施行手続制定ノ件

茲ニ自動車取締規則施行手続ヲ左ノ通定ム

康徳三年十二月二十八日

濱江省長　閻傳紱

ヨー0022　B列5　28字×10　南滿洲鐵道株式會社　(13. 9. 5,000冊 細川納)

No.

自動車取締規則施行手続

第一條　本令ニ於テ規則ト称スルハ自動車取締規則、細則ト称スルハ自動車取締規則施行細則、試験規則ト称スルハ自動車運轉免許及就業免許試験規則ヲ謂フ

第二條　縣長ハ規則、細則ノ規定ニ依リ省長宛ノ申請（又ハ届）書ヲ受ケタルトキハ別段ノ規定ニ依ルモノ、外該申請（又ハ届）書記載事項ノ確否及申請（又ハ届）書ノ申請ノ性質ニ従ヒ必要ト認メラルル、事項ヲ調査シ遅滞ナク省長ニ進達スベシ

第三條　縣長ハ規定又ハ細則ノ規定ニ依リ縣長宛ノ申請ヲ受ケ

No.

タルトキハ別段ノ規定ニ依ルノ外該申請ノ性質ニ従ヒ必要事項ヲ調査シ支障無キトキハ許可スベシ

前項ノ許可ハ別段ノ規定ニ依ルモノノ外別記一号様式ニ依ルベシ

第四條　縣長ハ規定第五條但書及細則第三條ノ規定ニ依ル制限外車輛許可ノ申請ヲ受ケタルトキハ申請書記載事項ノ外左ノ事項ヲ調査シ意見ヲ附シ進達スベシ

一、使用道路ノ場所

二、使用道路及関係道路ノ交通状況並ニ一般交通ニ及ボス影響

第五條　規則第五十條第一項ノ規定ニ依ル運轉免許申請書ヲ受

No.

ケタルトキハ別紙第二号様式ニ依リ身元調査ヲ添ヘ速ニ進達スベシ

第六條　縣長ハ規則第四十四條ノ規定ニ依ル車輛検査證記載事項変更届及規則第五十九條ノ規定ニ依ル運轉免許証記載事項変更届ヲ受ケタルトキハ直ニ車輛検査証又ハ運轉免許証ニ変更事項ノ記入ヲ為シ速ニ届出人ニ還付シ届書ノミヲ報告書ト共ニ進達スベシ

第七條　縣長ハ規則第四十五條第一項又ハ規則第六十條第一項ノ規定ニ依リ車輛検査証又ハ運轉免許証ノ亡失ニ依ル再交付申請ヲ受ケタルトキハ申請事実ノ確否ヲ精査シ亡失ノ事実ヲ確認シ得ルヤ否

No.

ヤノ意見ヲ徴シ進達スベシ

第八條　縣長ハ規則第四十七條第一項ノ規定ニ依ル一時運轉ノ許可申請アリタルトキハ事由並ニ一般交通ニ及ボス影響ヲ調査シ支障ナキコト認メタルトキハ申請書餘白ニ別記第三号様式ニ依リ許可セル旨記載シ其ノ一部ヲ許可證トシテ交付スベシ

一時運轉許可標板ノ文字ノ大サハ左ノ各号ニ依ルベシ

一　番号及縣名ハ長サ四糎幅三糎

二　「一時運轉許可標板」ノ文字ハ長三糎、幅二・五糎

一時運轉許可期間満了後一時運轉許可標板ノ返納アリタルトキハ之ト引換ニ既納保證金ヲ返還スベシ

ヨー0022　B列5　28字×10　南滿洲鐵道株式會社　(13.9.5,000冊)

No.

一時運轉許可ノ標板ヲ遺失其ノ他ノ事由ニ因リ返納セザル者ニ對シテハ保証金ハ許可標板ノ実費トシテ徴収スベシ

前項ノ場合ニ於テハ關係縣長ニ通報シ更ニ省長ニ報告スベシ

第九條　縣長ハ規則第七十一條ノ規定ニ依ル自動車格納車庫ノ新設移轉改築又ハ増設ノ申請ヲ受ケタルトキハ申請書記載事項ノ外左ノ事項ヲ調査シ通達スベシ

一　申請者ノ資産信用ノ程度

二　貸車庫ノ場合ハ之ガ效用並ニ營業ノ成否

三　構造設備ハ第七十三條ノ各号ニ適合スルヤ

四　細則第二十一條ノ制限ニ牴觸セザルヤ

No.

細則第三十一條但書ノ場合ニ在リテハ前項ノ外之ガ事由並ニ一般交通ニ及ボス影響ヲ詳具スベシ

第十條　縣長ハ規則第七十六條第一項ノ規定ニ依ル車輛讓受申請ヲ受ケタルトキハ申請事項讓受後ノ事由ノ外前條ノ規定ニ依ル新設ノ場合ニ準シ讓受人ノ身許調査ヲ遂ケ意見ヲ附シ進達スベシ

第十一條　縣長ハ規則第十二條ノ規定ニ依ル車輛管理人ノ選任届ヲ受ケタルトキハ届出事項ノ外被選任者ノ身許調査ヲ遂ケ管理人タルノ適否ニ付意見ヲ附シ進達スベシ

第十二條　縣長ハ規則第十三條ノ規定ニ依リ車輛ニ関シ特別ノ構造設備其ノ他ノ事項ヲ命ジ又ハ其ノ使用ノ停止若ハ禁止ヲ命ズルノ要アリト

No.

起リタル場合ハ事由ヲ詳具シ省長ニ報告スベシ

第十三條　規則第八十六條第一項但書ノ規定ニ依ル自動車ノ運轉許可ハ避譲所ノ設置其ノ他ノ方法ヲ講セシメ一般交通ニ支障無キ場合ニ非サレハ許可スベカラズ

第十四條　縣長ハ自動車ニ依リ人ヲ傷害シ又ハ物件ヲ損壊シタル事故アリタルトキハ概況ヲ即報シ更ニ別記第四号様式ニ依リ報告スベシ

第十五條　縣長左ノ處分ヲナシタルトキハ事由ヲ具シ遅滞ナク報告スベシ

一　規則第八十六條第四項ノ規定ニ依リ自動車ノ運轉ニ付必要ナル制限ヲ爲シタルトキ

二　規則第八十七條第三項ノ規定ニ依リ自動車ノ速度ニ付必要ナル制限

ヨ－0022　B列5　28字×10　南滿洲鐵道株式會社　（13. 9. 5.000冊 船田納）

No.

ヲ為シタルトキ

三　規則第百條ノ規定ニ依リ必要ナル駐車ノ制限ヲ為シタルトキ

四　規則第百一條ノ規定ニ依リ必要ナル駐車場ノ指定ヲ為シタルトキ

五　規則第百二條第二項ノ規定ニ依リ必要ナル停車又ハ駐車ヲ命ジタルトキ

第十六條　縣長ハ規則第八十五條ノ規定ニ依ル自動車ノ目的外使用ハ必要已ムヲ得ズ且一時的ノモノニシテ一般交通ニ支障無キ場合ニ非ザレバ許可スベカラズ

第十七條　縣長ハ規則第百八條第二項ニ依ル不分割物件ノ制限外積荷ノ許可ヲ為シタルトキハ速ニ関係縣長ニ通報スベシ

第十八條　縣長ハ細則第十六條ノ規定ニ依ル事業ノ廃止届ヲ受ケタルトキハ

ヨー0022　B列5　28字×10　南滿洲鐵道株式會社　（13.9.5,000冊 ……）

No.

届出事項ノ外被雇人ニ対スル左ノ事項ヲ調査シ意見ヲ附シ進達スヘシ

一　性質、素行（特ニ酒癖、暴行癖ノ有無）

二　前科ノ有無

三　自動車ノ無免許運転其ノ他自動車又ハ交通取締法令違反ノ有無（有ラバ詳細）

第十九條　細則第二十四條第二項ノ規定ニ依ル申請ニ対スル許可取扱ニ関シテハ第八條第一項ノ規定ヲ準用ス

第二十條　左ノ場合警務廳長ハ関係官署ニ報告、通報スヘシ

一　規則第三十八條第一項ノ規定ニ依リ自動車使用地変更ニ依ル車輌番号ノ指示ヲ為シタルトキ

No.

二 規則第四十三條ノ規定ニ依リ自動車使用ノ停止禁止又ハ其ノ他必要ナル處分ヲ爲シタルトキ

三 規則第四十五條第一項又ハ規則第三十條第一項ノ規定ニ依リ車輛檢查証又ハ運轉免許証ノ再交付ヲ爲シタルトキ

四 規則第五十八條又ハ規則第六十八條ノ規定ニ依リ運轉地又ハ就業地ノ變更届ヲ受ケタルトキ

五 規則第六十一條又ハ規則第六十九條ノ規定ニ依リ運轉免許証若ハ假運轉免許ノ取消、停止ヲ爲シタルトキ又ハ就業免許ノ取消ヲ爲シタルトキ

六 規則第七十五條ノ規定ニ依リ車輛ノ許可取消ヲ爲シタルトキ

七 規則第八十三條ノ規定ニ依リ車輛使用ノ停止又ハ禁止ヲ爲シタルトキ

ヨ－0022　B列5　28字×10　南滿洲鐵道株式會社　(13. 9. 3,000冊 [illegible])

No.

ハ第八條第五項ノ規定ニ依ル報告ヲ受ケ必要アリト認ムルトキ

第二十一條　警務廳長ハ自動車運輸事業、自動車、自動車運轉免許者、車輛又ハ發車車輛ニ付テハ別記第五號乃至第八號様式ニ依ル臺帳ヲ備ヘ異動ノ都度加除訂正スベシ

附則

本令ハ公布ノ日ヨリ之ヲ施行ス

ヨ－0022　B列5　28字×10　南滿洲鐵道株式會社　(13.9.5.000冊 舘川納)

No.

第一號樣式

號　許可證

本籍
住所
職業

姓名
生年月日

康德　年　月　日所請〇〇〇〇〇之件應予照准

康德　年　月　日

〇〇縣長印

ヨ－0022　B列5　28字×10　南滿洲鐵道株式會社　（13. 9. 5,000冊 …）

No.

第二號樣式

汽車司機免許呈請者身分調查之件

為呈報審事查標題之件茲已填就如左理合開陳表式呈請
鑒核備查謹呈

濱江省長

縣長 名 印

左開

項目	
呈請者本籍住所 職業 姓名 生年月日	
呈請書書是否具有規則第五十條所定之事項及其記載事項之確否	
有無規則第五十一條第一項各款之關係	
性質、素行（特須具明有無酗癖暴行癖等）	
來歷（職歷、学歷須詳細記明）	
有無試驗規則第五條第六條該當之事項 如有該當事項須具明處分之年月日及事案之概略	
於許可與否上可為參考之一其他事項	

No.

第三號樣式

所請右項之件應予照准

縣長名印

康德　年　月　日

ヨ—0022　B列5　28字×10　南滿洲鐵道株式會社　(13.9.5,000冊)

No.

第四號樣式

項目	內容
日時	
場所	
被害程度	（將人畜、物件分別項目詳細記明其程度、數量、價格等）
事故原因	
救助復舊等所處置之狀況	
司機人	住所姓名
	免許證號碼
	種別
	免許官署
營業者住所姓名	
現場之模樣	（須詳細見明並須附上略圖）
有無故意過失及因當為司法事件所被搜查之狀況	（應將關係者之聽取筆錄、情由）
其他參考事項	

ヨ－0022　B列5　28字×10　南滿洲鐵道株式會社

No.

第五號様式之二

汽車發着時刻及便目

發着所及時刻

某	某	某	某	某	某	某	某	某	某	某	某
発	著	発	著	発	著	発	著	発	著	発	著

運行

某　某　某　某　某　某　某　某　某

備考　本表應附於第五號様式

ヨ—0022　B列5　28字×10　南滿洲鐵道株式會社　（13.9.5,000冊）

第五號様式

汽車營業者臺賬

項目	記載
營業者　本籍　住所　姓名	
營業種別	組織　資本金
許可年月日及許可號碼	康德　年　月　日第　號　營業開始年月日
所有車輛數　乘用車	常用　輛　預備　輛　其他　輛　總數　輛
所有車輛數　貨物用	使用　輛　輛　輛
主要營業所所在地	
始發所終著所地名及主要經由地名（停留所名）	如另表同
司機人車掌名簿	如另表同
廢業取消年月日	年　月　日（廢業或取消特許等）
客貨運費	擇要

變更報告事項

呈報月日	変更月日	記事

備考

1 営業種別欄内應將大汽車、小汽車、货物運輸車等分別記載之

2 組織欄内應將各人経営、公司組織分別記載之

3 所有車輛欄内及「其他」欄内應記載常用及設備車以外之車輛

4 貨運費欄内如有論鐘點租車包車及其他定期券減價回數券
(車費及其他特例)之制度時須詳細記明
一般区間之票價應記載第二号表内

5 変更報告事項欄内除應將路線、組織、資本之変更、車輛之增減及其他規則
所定之事項完全記載外並須記載重要事項

6 摘要欄内應記載特許條例及其他於承辦官署認為必要之事項

ヨ—0022　B列5　22字×10　南滿洲鐵道株式會社　(13. 9. 5.000冊)

No.

第五號様式之三

汽車司機人姓名表

司機免許號碼	雇入(解雇)年月日	姓名 生年月日
	雇入年月日	姓名
	解雇年月日	生年月日
	雇入年月日	姓名
	解雇年月日	生年月日
	雇入年月日	姓名
	解雇年月日	生年月日
	雇入年月日	姓名
	解雇年月日	生年月日
	雇入年月日	姓名
	解雇年月日	生年月日
	雇入年月日	姓名
	解雇年月日	生年月日

汽車車掌雇入(解雇)姓名表

雇入(解雇)年月日	姓名 生年月日
雇入年月日	姓名
解雇年月日	生年月日
雇入年月日	生年月日
解雇年月日	生年月日
雇入年月日	姓名
解雇年月日	生年月日
雇入年月日	姓名
解雇年月日	生年月日
雇入年月日	姓名
解雇年月日	生年月日
雇入年月日	姓名
解雇年月日	生年月日

ヨ—0022　B列5　28字×10　南滿洲鐵道株式會社　(13. 9. 5,000冊)

第六號樣式　汽車臺帳

項目			
呈請者 本籍 住所 姓名		前使用者 住所 姓名	
車輛名	種別	用途	車輛号碼　　号
型式	年式	型	製造國及製造所名　　國　　所
檢查證交給年月日		有效期間	自　年　月　日　至　年　月　日
車輛重量	乘車定員	人　車　全長　米	車体或客席　長　米
車輛總重量	積載定員	車輛　全高　米　全寬　米	高　米　寬　米
原動機	型	行程式・機関號碼	號
氣筩　行程式　筩徑　總容積	制動機種類系統數	系統　足動　手動	馬力　定格出力
發音器種類及數		燈火裝置	設備個數種類
收容車庫所在地　如無車庫時記明車輛平時所在地		主要使用地變更	
變更地名		變更年月日	

车辆检查

检查年月日　定期或临时检查之区别　合格不合格之区别　车辆之改造或修缮之概要　检查官印

备考　县署设置之台账无须检查官栏

ヨ—0022　B列5　20字×10　南满洲铁道株式会社　(13. 9. 5.000冊　益川勝)

第七節様式

汽車司機人免許原簿

本籍	
住所	
司機人姓名	年　月　日生
司機免許之種別	○○免許
有效期限	自康德　年　月　日至康德　年　月　日
発給年月日及免許号碼	年　月　日　第　號
主要運行地（或就業地）	
就業年月日	
雇主 住所	
雇主 職業	
雇主 商号姓名	
像片	経歴之概要

違反事項

処罰年月日	違反事實	処罰之事由	処罰	処罰官印
年　月　日				
年　月　日				
年　月　日				

ヨ—0022　B列5　28字×10　南滿洲鐵道株式會社　（13. 9. 5.000冊 [illegible]）

年　月　日

年　月　日

年　月　日

呈報月日　變更月日　　變更事項

變更事項　　承辦官署

備考

一　經歷欄內除記載從前之職業最終之学歷及其他主要來歷外並將司法經歷及有無因交通關係或其他事件被科刑之事實務須詳細具明為要

二　變更事項欄內須將身分上之異動運行地就業地免許證之變更及其他關係規則所規定之各項於每次勿使洩漏完全記載之

ヨー0022　B列5　28字×10　南滿洲鐵道株式會社　(13.9.5.000册 [illegible])

第八号样式

汽车车库台帐

车库主	本籍 住所 姓名	年　月　日生
管理人	本籍 住所 姓名	年　月　日生
车库所在地		
用途	许可年月日及许可号码	年　月　日第　号
总建坪		平方米
车库内面积		平方米
收容车辆数		辆
贮油库最大贮藏量	燃油	立加仑
	滑油	立加仑
构造之概要	车库之构造消火设备给油方法及其他附属设备之概要	
竣工日期		年　月　日
使用认可年月日		年　月　日
租借条件	车库借受人住所姓名生年月日	

(13. 9. 5.000册 …)

考　備

備考

備考欄内ニハ記載許可條件、変更事項事由及年月日次及其他警察取締上之必要事項

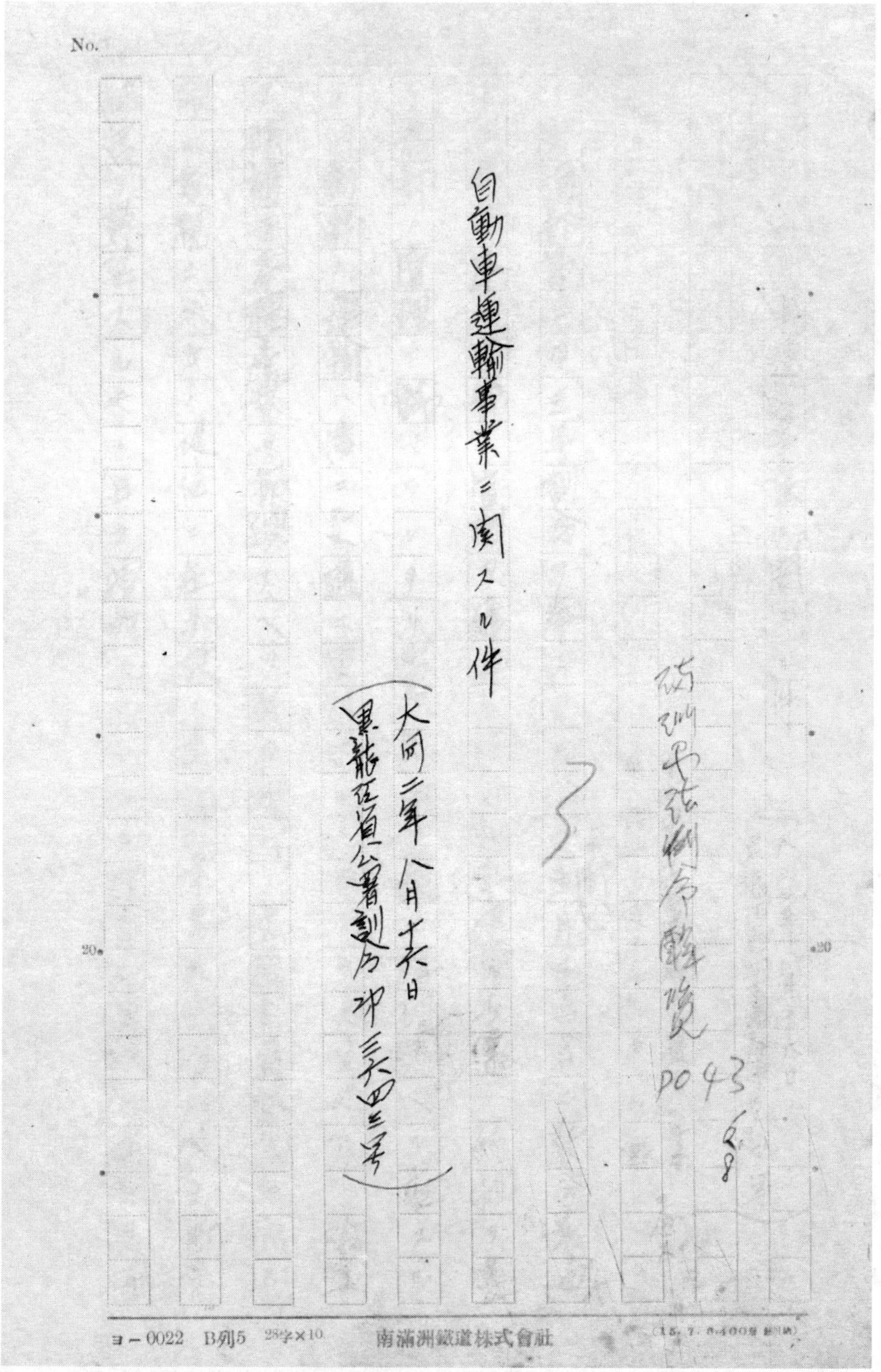

No.

自動車運輸事業ニ関スル件

（大同二年八月十六日
黒龍江省公署訓令第三六四三号）

満洲国法令輯覧 P043 68

ヨー0022　B列5　28字×10　南満洲鐵道株式會社

No.

自動車運輸事業ニ関スル件

（大同二年八月十六日
黒龍江省公署訓令第三六四三号）

黒河市政籌備処　省會公安局　ニ令ス
齊々哈爾市政局　各　縣

交通部第一〇三号訓令ヲ奉ズルニ曰ク本部ハ五月三十一日ニ教令第四十三号ヲ奉ジ本部ノ官制ヲ修正シ玆ニ自動車運輸事業ノ統制ヲ盡ク本部ノ管理ニ帰セラレタリ当然教令ニ遵ヒ辦理スベシ査スルニ自動車ノ運輸ハ僅ニ交通ニ便利ナルノミナラズ且地方ノ治安ヲ保護シ各種産業ヲ振興スベク実ニ唯一ノ文化交通機関ニシテ頗ル重視スベキノ地位ニ在リ故ニ建国以来各地一般人民ノ斯業経営ヲ熱望スルモノ日ニ増加ス加フルニ近来国道網ノ建設ヲ期

ヨ－0022　B列5　28字×10　南満洲鐵道株式會社

No.

始メタレバ各企業者ハ民衆ノ渇望ニ副ハン為多ク巨額ノ資本ト多年ノ經驗トヲ以テ斯業ノ計畫ヲ為シ許可ヲ申請スル者益増加ノ勢アリ政府ハ情形ヲ查察シ自動車事業ノ關係重要ニシテ趨勢漸ク繁ク合法機関アリテ之ガ管理ヲ為サザレバ以テ慎重ヲ示シ振興ヲ促スニ足ラザルヲ知ルヲ以テ特ニ明令ヲ發シ本部ノ掌管ニ帰セラレタリ本部ハ前ニ調查ヲ迅速ナラシムル為自動車營業アル各縣ニ対シ司ヨリ公函ヲ發シタリ今回通令ノ後ハ各該省署ハ自動車交通事業法ノ頒布以前ノ本事業ノ申請ニ対シテハ須ク詳細ニ内容ヲ調查シ其ノ合法ナルヤ否ヤヲ究メ許可スベキモノニハ許可スベキノ意見書ヲ添附シ本部ニ提出シ以テ審查ニ資シ

No.

令知ニ便ズベシ須ク此旨ヲ遵照辦理スベシ此ニ令スト依テ分令

ヲ為スト共ニ貴所ニ在テ知照ス此ニ令ス

ヨ－0022　B列5　28字×10　南満洲鐵道株式會社　（15. 7. 8・400冊 [illegible]）

◎自動車運輸事業ニ関スル件

（大同二年八月十六日
黒龍江省公署訓令第三六四三号）

黒河市政籌備處　省　公安局ニ令ス
齊々哈爾市政局　各　縣

交通部第一〇三號訓令ヲ奉スルニ曰ク本部ハ五月三十一日ニ教令第四十三號ヲ奉シ本部ノ官制ヲ修正シ並ニ自動車運輸事業ノ統制ヲ盡ク本部ノ管理ニ歸セラレタリ當然教令ニ遵ヒ辦理スヘシ査スルニ自動車ノ運輸ハ僅ニ交通ニ便利ナルノミナラス且ツ地方ノ治安ヲ保護シ各種産業ヲ振興スヘク實ニ唯一ノ文化交通機関ニシテ頗ル重視スヘキノ地位ニ在リ故ニ建國以来各地一般人民ノ斯業經營ヲ熱望スルモノ日日増加スルニ加フルニ近来國道網ノ建設ヲ開始シタレハ各企業者ハ民衆ノ渇望ニ副フ為多ク巨額ノ資本ト多年ノ經驗トヲ以テ斯業ノ計畫ヲ為シ許可ヲ申請スル者益増加ノ勢アリ政府ハ情形ヲ查察シ自動車事業ノ関係重要ニシテ趨勢漸ク繁ク合法機関アリテ之カ管理ヲ為サザレハ以テ慎重ヲ示シ振興ヲ從スニ足ラサルヲ知ル是ヲ以テ特ニ明令ヲ発シ本部ノ掌管

ニ歸セラレタリ交部ハ茲ニ調査ヲ迅速ナラシムル為自動車営業アル各縣ニ對シ司ヨリ公函ヲ發シタリ今回通令ノ後ハ各該省署ハ自動車交通事業法ノ頒布以前ノ交事業ノ申請ニ對シテハ須ク詳細ニ内容ヲ調査シ其ノ合法ナルヤ否ヤヲ究ノ許可スヘキモノニハ許可スヘキノ意見書ヲ添附シ交部ニ提出シ以テ審査ニ資シ令知ニ便スヘシ須ク此旨ヲ遵照辦理スヘシ此ニ令スト依テ令令ヲ為スト共ニ貴（縣、局、處、）ニ之ヲ知照ス此ニ令ス

No.

龍江省令第八号

茲ニ自動車運転普通免許試験用自動車使用料規則ヲ左ノ通定ム

康徳六年三月十五日　　龍江省長　趙鵬第

自動車運転普通免許試験用自動車使用料規則

第一條　自動車取締規則第五十一條ノ規定ニ依リ自動車運転普通免許運転試験ヲ為ス者ニ附シ試験用自動車ヲ以テ之ヲ行フ

No.

第二條　前條ノ試験用自動車ヲ使用シテ運轉試験ヲ受ケントスルモノハ

使用料金四圓ヲ納付スベシ

第三條　前條ノ使用料ハ運轉免許試験當日迄ニ現金又ハ

郵便為替証書ヲ以テ省長官房經理科ニ納付スベシ

前項ノ規定ニ依リ納付シタル使用料ノ領收証ハ運轉免許試験

當日之ヲ試験係員ニ提出スベシ

第四條　本規則ニ依リ納付シタル使用料ハ之ヲ還付セズ

附則

本規則ハ公布ノ日ヨリ之ヲ施行ス

No.

哈爾濱警察廳令第七号

茲ニ自動車一時運轉許可標板保証金規則ヲ左ノ通制定ス

康徳三年五月三十日　哈爾濱警察廳長　于鏡濤

自動車一時運轉許可標板保証金規則

第一條　康徳三年一月四日民政部令第二号自動車取締規則第四十七條第一項ノ規定ニ依リ自動車一時運轉許可ノ標板（以下単ニ許可ノ標板ト称ス）ノ交付ヲ申請スル者ハ別紙様式ニ依リ許可ノ標板一枚ニ付保証金五円ヲ哈爾濱警察廳ニ納付スヘシ

第二條　一時運轉許可ノ期間満了後許可証及許可ノ標板ノ返納アリタルトキハ保証金ヲ還付ス

No.

許可ノ標板ヲ毀損又ハ亡失シ返納スルコト能ハザルトキハ保証金ヲ実費トシテ徴収ス

附則

本令ハ公布ノ日ヨリ之ヲ施行ス

No.

科長	警正	股長	取扱者

自動車一時運轉許可標板交付原符

交付者

住所

姓名

交付年月日　康德　年　月　日

交付自康德　年　月　日
期間至康德　年　月　日

還納年月日　康德　年　月　日

保証金　五円　一時運轉許可標板交付保証金

備考

No.

保證金納付書

自動車一時運行許可標板交付保證金

一　國幣五円也

右納付候也

但シ萬一標板紛失毀損ノ為ナ返納シ能ハザル場合、右保証金ヲ以テ辨償金ニ充ツルコトヲ承諾致候

康徳　年　月　日

納付人　住所

姓名

哈爾濱警察廳長　殿

右保管相成度候也

康徳　年　月　日

歳入歳出外現金出納官吏　殿

保安科

ヨ-0022　B列5　28字×10　南滿洲鐵道株式會社　(19.9.10,000 鮎川納)

No.

保管證

一、国幣五円也

自動車一時運転許可標板保証金

右正ニ保管候也

康徳　年　月　日

哈爾濱警察庁歳入歳出外現金出納官吏

殿

右康徳　年　月　日標板返納候

右保管金領収候也

保安科

姓名

注意　標板ヲ返納シ保証金ノ還付ヲ受ケントスルトキ又ハ標板ヲ返納シ能ハザル場合ハ保安科ヲ経由シ本証ヲ提出スベシ

ヨ-0022　B列5　28字×10　南滿洲鐵道株式會社　(13. 9. 10,000 : 鮎川納)

No.

哈爾濱警察廳令第三號

茲ニ自動車取締規則施行細則ヲ左ノ通リ制定ス

康徳三年三月十四日

哈爾濱警察廳長　于鏡濤

自動車取締規則施行細則

第一條　自動車取締規則（以下單ニ規則ト称ス）又ハ本令ノ規定ニ依リ哈爾濱警察廳ニ提出スベキ申請書若ハ屆書ハ所轄警察署ヲ經由スベシ

但シ規則第三十一條第三十五條第三十七條（車輛檢查）第三十八條（車輛使用地ノ變更）第三十九條（車輛使用主變更）第四十一條（車輛

No.

ノ変更検査）第四十五條第六十條中ノ検査書又ハ免許証ノ毀損、第四十七條（臨時運転）第五十條（運転免許）第五十六條（仮運転免許）第六十四條（就業免許）及第六十八條（就業地変更）ノ規定ニ基ク申請書若ハ届出ハ直接哈爾濱警察廳長ニ提出スベシ

第二條　規則第五條但書（制限外車輌）ノ規定ニ依ル申請書ハ別記第一號様式ニ據ルベシ

第三條　規則第四十二條ニ基ク車輌ノ定期検査ハ毎年七月之ヲ行フ

第四條　規則第三十二條（車輌検査）第三十七條（自動車継続使用車輌検査）及第四十一條（車輌ノ変更検査）ノ規定ニ依ル申請書ハ別記様式第二号乃至第四号ニ據ルベシ

No.

第五條　規則第三十八條（自動車使用地變更）及第三十九條（自動車使用主變更）ノ規定ニ依ル屆出ハ別記様式第五号及第六号ニ據ルベシ

第六條　規則第四十七條ニ依リ自動車ノ一時運轉許可ヲ受ケタル者ハ一時運轉許可ノ標板ヲ車輛ニ標示シ且ツ運轉中ハ別記第七号様式ノ一時運轉許可ノ證ヲ携帯スベシ

一時運轉許可ノ申請書ハ別記第八号様式ニ據ルベシ

第七條　規則第五十條（運轉免許申請）及第六十四條（就業免許申請）ノ規定ニ依ル申請書ハ別記様式第九号及第十号ニ據ルベシ

第八條　主タル就業地ヲ他廳管内ニ變更シタルモノニシテ當廳管内ニ主タル就業地ヲ有スル者ニ對シテハ規則第六十五條第二項ノ規定ニ依ル

識標ノ全部又ハ一部ヲ省略スルコトアルヘシ

第九條　規則第四十五條及第六十條ノ規定ニ依ル車輌検査証及自動車運転免許証ノ再交附申請書ハ別記様式第十一号及第十二号ニ拠ルヘシ

第十條　規則第八十七條第一項第一号規定ニ依ル自動車ノ最高速度ハ哈爾賓市内街路ヲ運転スル場合ハ左ノ制限ニ依ルヘシ　但シ消防自動車救急自動車ハ此ノ限リニ在ラス

No.

道路有效幅員 ＼ 車輌種別	自動車ノ総重量三千五百瓩乗用（乗車定員七名以下）乗用自動車ニ在リテハ総重量三千瓩未満）ニシテ全車輌ニ空気入輪帯ヲ使用シ且全車輪ヲ制動スル装置ヲ有スルモノ	其他ノ自動車（作業用自動車及牽引自動車ヲ除ク）	作業用自動車牽引自動車
二、五米以上	時速二十粁以内	時速十九粁以内	時速十六粁以内
四、五米以上	時速三十五粁以内	時速三十二粁以内	時速二十六粁以内

No.

第十一條　規則第九十條第三項（乗車定員又ハ積載制限ノ超過）ノ規定ニ依ル申請書ハ別記第十三號様式ニ據ルベシ

前項ノ許可ヲ為シタルトキハ別記第十四号様式ノ許可票ヲ交付ス

前項ノ許可票ハ運轉中車輛ノ見易キ箇所ニ之ヲ標示シ使用後ハ遅滞ナク返納スベシ

第十二條　自動車運轉者ヲ雇入レタルトキハ別記第十五號様式ニ依リ遅滞ナク所轄警察署長ニ届出ヅベシ運轉者ヲ解雇シタルトキ亦同ジ

第十三條　規則第七十一條（車庫ノ新設移轉改築増設）及第七十二條（車庫工事ノ竣工）ノ規定ニ依ル届出ハ別記様式第十六号乃至第二十号ニ據ルベシ

No.

第十四條　規則第七十六條（車輛讓渡、相續）ノ規定ニ依ル申請書ハ
別記様式第二十一号及第二十二号ニ據ルベシ
第十五條　規則第七十九條（車輛廃止）第八十條（車輛賃借人所在不
明）及第八十二條第四項ノ規定ニ依ル届出ハ別記様式第二十三号乃至
第二十五号ニ據ルベシ
第十六條　第六條（標板掲出及許可証携帯）第十一條（従事標ノ標示及
返納）及第十二号（運轉者雇入解雇届出）ニ違反シタル者ハ十五日以
下ノ拘役又ハ十五円以下ノ罰金ニ處ス
第十條ニ違反シタル者ハ規則第四十二條ヲ適用ス
附則
本令ハ公布ノ日ヨリ之ヲ施行ス

No.

第一號様式

限制以外之車輛許可請願書（制限外ノ車輛許可願）

使用主之住所姓名	
種類	汽車
用途	
車輛　長	米
車輛　寛	米
車輛　高	米
車名	
型式	型
年式	
最大積載量	瓩
乘客定額	人
擬使用之事由（使用セントスル理由）	

茲對右列構造之車輛依汽車取締規則第五條但書之規定擬請許可理合呈請鑒核施行謹呈

（右構造ノ車輛御許可相成度自動車取締規則第五條但書ニ依リ此段申請候也）

康德　年　月　日

姓　名　印

No. ....

第二號様式

汽車車輛検査呈請書

項目	記載
呈請者之住所姓名	
車輛種別	普通　特殊　小型　第　種
車名	第　號
事業種別	
型式	型　年式
種別	
呈報乘客定員	人
車輛重量	
總重量	
車輛系動機　長	
寬	
高	
機器號碼	型　第　號
汽缸　行程式	
筒数	
内径	糎
行程	糎
總容積	立方糎
座席或貨台　長	
寬	
高	
馬力	
一時間之定格出力	
速度計	
方向指示器	
指定車輛番號	
花印	

No.

第三號樣式

年　月　日　經辦者

印　施

制動裝置

燈點裝置

使用年月日

車庫地址（如無車庫時則為平時之停車地址）（車輛停車所在地）

右開汽車擬請檢查以便使用理合呈請

鑒核施行謹呈

（右自動車ノ車輛檢查相成度此段及申請候也）

哈爾濱警察廳長

康德　年　月　日　呈

系統數	制動車輛數	傳達方法	前照燈	尾燈	停止燈

計番盤燈	室內燈	側燈

系統　輪式

No.

第三号様式

汽車継続使用呈請書

汽車之種類及車輛号碼	
車輛検査之有効期限	

有関汽車仍擬継続使用理合検同車輛検査證呈請
鑒核施行検査以資使用謹呈
（右自動車ニ継続使用致度候間検査相成度車輛検査證
相添ヘ此段及申請候也）
哈尔濱警察庁長
康徳　年　月　日
住所
姓名　　呈

No.

第四號(2)樣式

汽車等輛檢查證記載事項變更呈請書

汽車之種類及車輛號數	變更之事項及理由	汽車之用途	車輛檢查之有效期限	變更年月日

右開汽車等輛檢查證之記載事項已有變更理合檢同該項車輛檢查證呈請

鑒核施行謹呈

（右自動車車輛檢查證ノ記載事項ニ變更致度候間車輛檢查證ヲ相添

此段及申請候也）

康德　年　月　日

住所

姓名

No.

第五號樣式

汽車使用地變更報告書

一、司機免許之種類及免許証號碼

一、舊營轄地

一、新運轄地

一、主營運轄地變更之年月日

一、車庫或設置車輛處所之地址

右關汽車之使用地業已變更理合檢同車輛檢查証報請

鑒核施行謹呈

（右之通自動車使用地變更致度候間車輛檢查証相添へ

此段及屆出候也）

哈爾濱警察廳長

康德　年　月　日

住所

姓名

年　月　日生

No.

第六节　様式

汽車車主変更報告書

一、汽車之種類及車輌號碼

一、新車主之住所、姓名

一、舊車主之住所、姓名

一、汽車之用途

一、変更之事由

一、車主変更年月日

一、汽車庫或放置車輌處所之證址（車季又宗輌置場之所在地）

右開汽車之車主業已変更理合稟同車輌検查証報請

鑒核施行謹呈

（右之通自動車車主変更致候間車輌検査証相添此段及届出候也）

哈尔濱警察廳長

康徳　年　月　日

住所

姓名　　年　月　日生

No.

第七節　樣式

汽車臨時運行許可證

哈爾濱警察廳　印

八糎

十二糎

許可年月日	年　月　日
使用主之住所、姓名	
運轉目的	
運行期限	自　月　日午前後　時至　月　日前後　時
運行經路	
種類及車名	汽車
型式	型　年式

No.

第八号様式

（第　号 年 月 日 / 年 月 日）

汽车临时运转许可呈请书

项目	内容
原籍住所 姓名及生年月日	
车辆之种类	
车辆名	
制造年代型式	
机器号码	
使用目的	
经路	
使用期限	自康德 年 月 日 至康德 年 月 日
司机人之住所姓名及照许证号码	

兹拟请临时运转许可理合呈请
鉴核施行谨呈

（右ノ通ニ付一时运行许可相成度此段及申请候也）

哈尔滨警察厅长

康德　年　月　日

请愿者
姓名

No.

第九號樣式

汽車司機免許呈請書

司機免許之種別	普通、特殊、小型
如有司機免許者係開具下列各項（既得免許ヲ有スル者ニ在リテハ下記各項ヲ記入スベシ） 種別	普通、特殊、小型
免許證號碼	第　號
有效期限	

茲擬請領司機免許理合檢同像片三張、履歷書、健康診斷書各一份及依規則第五十二條之関係文件等一併呈請

鑒核施行謹呈

（右免許相成度写真三枚履歷書、健康診斷書及規則第五十二條第該当書類ヲ相添ヘ及申請候也）

哈爾濱警察廳長

原籍

住所

姓名　　年　月　日生

康德　年　月　日

No.

第十號樣式

汽車就業免許呈請書

運轉免許之種別及免許証號碼	司機免許証之有效期限	被他人雇傭時其雇主之住所、職業、姓名（他人ニ雇傭セラレタルトキハ其ノ雇主ノ住所、職業及氏名）	像片

茲擬請領就業免許理合據同像片一張、司機免許証抄件及健康診斷書各一份呈請

鑒核施行

（右ノ通ニ付就業免許交附相成度写真一葉並ニ別紙運転免許証写健康診断書ヲ相添ヘ此段及申請候也）

年　月　日生

住所

姓名

康德　年　月　日

No.

第十一號樣式

汽車司機免許証補充呈請書

一、免許證之種別　普通、特殊、小型
一、免許証之號碼　第　號
一、呈請補充之理由

茲因右開理由擬請補充司機免許証一紙以資使用理合檢同像片三張呈請
鑒核施行謹呈
（右ノ通ニ付至急免許証再交附相成度写真三枚ヲ相添ヘ此段
及申請候也）
哈爾濱警察廳長

康德　年　月　日

住所
姓名

No.

第十二號樣式

汽車車輛檢查證補充呈請書

一、汽車之種類及用途
一、車輛號碼及機器號碼
一、呈請補充之理由

茲因右開理由擬請補充車輛檢查證一紙以資使用理合呈請
鑒核施行謹呈
（右ノ通ニ付車輛檢查証再交附相成度此段及申請候也）
哈爾濱警察廳長

住所
姓名

康德　年　月　日

No.

第十三号様式

乗車定員（或積載限制超過）許可請願書

住所　姓名	
汽車之種類及車名	
車輛号碼	
目的	
運行之期间	
発着及経路	
乗車人員	
載貨品目	
載貨長、寛、高（由地面起）及重量（積荷長幅高由上算起重）	
車輛安定之状况	

茲擬請領右開許可理合根據汽車取締規則第九十條第三項之規定呈請

鑒核施行謹呈

（右ニ依リ御許可相成度自動車取締規則第九十條第三項ニ依リ此段及申請候也）

哈尔濱警察廳長

康德　年　月　日

姓名　㊞

No.

第十四號樣式

制限以外之運行許可證

哈爾濱警察廳 印

發給許可證之年月日	年 月 日		
使用者之住所姓名			
汽車種類	汽車	車輛番號	
目的			
運行期間	自 月 日午前後 時至 月 日午前後 時		
發着地及經路			
乘車人員	人	載貨品目	
載貨之長寬高（由地面起）	長 米寬 米 高 米	載貨重量	

No.

第十五號様式

汽車司機雇用(解雇)報告書(自動車運轉者雇入(解雇)届)

雇主					司機人					
原籍	現住所	字號	姓名	使用車輛號碼	原籍	現住所	姓名	免許證號碼	雇用年月日	解雇年月日

右開司機於康德　年　月　日雇用(解雇)理合報請
鑒核施行謹呈
(右ノ者康德　年　月　日自動車運轉者トシテ雇入(解雇)候條此段及届出候也)
哈爾賓警察廳長
康德　年　月　日　住所
商號　雇主　姓名　印

ヨ-C022　B列5　28字×10　南滿洲鐵道株式會社　(19.9.10,000)

第十六號樣式

汽車車庫建築主（車庫主）住所姓名變更報告書

車庫建築地之地址號數	許可建築之年月日	舊住所（姓名）	新住所（姓名）

茲已如右變更理合報請

鑒核謹呈

（右通變更致候間此段及屆出候也）

哈爾濱警察廳長

康德　年　月　日

建築主（車庫主）住所

姓名　印

No.

第十七號様式

汽車車庫所在地地名號數変更報告書

車庫所在地之舊地名及號數	車庫所在地之新地名及號數

右開車庫之地名業已変更理合報請

鑒核謹呈

（右ノ通リ何々ニ依リ変更致候間此段及届出候也）

哈爾濱警察廳長

康德　年　月　日

住所

車庫主

姓　名　㊞

No.

第十八號樣式

汽車車庫用途變更呈請書

車庫所在地之地名、番號
舊用途
新用途

茲擬將右開車庫用途變更理合呈請

鑒核施行許可以資便用謹呈

（右ノ通用途變更致度候間御許可相成度此段及申請候也）

哈爾濱警察廳長

康德　年　月　日

住所

車庫主　姓　名　印

No.

第十九號樣式

汽車車庫起工日期（竣工日期）變更呈請書

車庫所在地之地名號數

許可建築之年月日

舊起工日期（竣工日期）

新起工日期（竣工日期）

變更理由

茲因右開理由擬請許可變更理合呈請

鑒核施行謹呈

（右通變更致度相伺如許可被成度此段及申請候也）

哈爾濱警察廳長

康德　年　月　日

住所

建築主

姓名　印

（如有代理人時須將代理人之住所姓名記載）

（代理人アルトキハ其ノ住所氏名）

No.

第二十一號樣式

汽車車庫工程（新設、改築、遷移、增設）竣工報告書

車庫所在地之地名、號數

許可建築之年月日

指令號數

右開汽車車庫工程業已竣工理合報請

鑒核准予使用實為德便謹呈

（右自動車車庫ノ工事竣工候ニ付使用認可相成度此段及屆出候也）

哈爾濱警察廳長

康德　年　月　日

住所

建築主　姓名　印

第二十一號様式

汽車車輌讓受呈請書

車輌所在地之地名 號數

茲擬讓受前開汽車車輌理合與當事人連署並檢同使用認可證之抄件呈請

鑒核施行謹呈

（自動車車輌讓受致候間使用認可證寫相添ヘ連署ヲ以テ此段及申請候也）

哈爾濱警察廳長

康德 年 月 日

住所 讓渡人 姓 名 印

住所 讓受人 姓 名 印

No.

第二十二號樣式

汽車車庫繼承報告書

車庫所在地之地名、號數

右開汽車車庫業已繼承理合報請

鑒核並准予使用實為德便謹呈

（右自動車車庫相續致候間使用認可相成度此段及届出候也）

哈爾濱警察廳長

康德　年　月　日

住所　被繼承人　姓　名　印

住所　繼承人　姓　名　印

No.

第二十三號様式

汽車車輌使用廢止報告書

車庫所在地之地名、號數

右開汽車車輌之使用業已廢止理合檢同使用認可証（及認可証告知廢止之文件）報請

鑒核施行謹呈

（右自動車車輌使用廢止致候間使用認可証（及廢止豫告ヲ告知シタルコトヲ証スル書類）相添ヘ此段及届出候也

哈爾濱警察廳長

住所
車輌主　姓名　印

康德　年　月　日

No.

第二十四號樣式

汽車車庫租借人所在不明報告書

車庫所在地之地名號數	
租借人之住所姓名	

右開租借人自康德　年　月　日以降所在不明理合報請

鑒核謹呈

（右債借人康德　年　月　日以降所在不明ト相成候間此段及屆出候也）

哈爾濱警察廳長

康德　年　月　日

住所

車庫主　姓名　印

No.

第二十五號様式

汽車車庫管理人選任報告書

車庫所在地之地名、號數

管理人之住所

姓名　年齢

右開汽車車庫之管理人業已選妥理合検同本人之承諾書報請

鑒核施行謹呈

（右ノ通自動車車庫管理人ヲ選任致候ニ付別紙本人ノ承諾書相添

此段及届出候也）

哈爾濱警察廳長

住所

車庫主　姓名　㊞

康徳　年　月　日

民政部訓令第一一一號（康德元年三月二十三日公報一六〇号公布）

各省長
北滿特別区長官
首都警察総監
哈爾濱警察庁長 ニ令ス

最近各市街地ハ勿論其ノ他各地ノ治安恢復ニ因リ自動車交通ハ著シク頻繁トナリ從テ之ニ對スル警察取締モ亦一層必要トナリタルヲ以テ茲ニ自動車取締規則標準ヲ制定シ本令ト共ニ頒布スルニ付査収ノ上貴省区庁ニ於テ該規則ヲ制定スルニ當リテハ本標準ニ依ルト便トス若シ規則制定ニ相當ノ時日ヲ要スル場合ハ直ニ本標準ニ依リ先ツ実際上ノ取締ヲ行フヘシ其ノ他自動車運轉手免許証及其ノ書類帳車体検査証並ニ其ノ台帳等ノ如キモ亦須ク附属書類ノ様式ニ依リ統一制定スルヲ要ス此ニ令ス

附
自動車取締規則標準　一部
自動車運轉手免許証等各種様式　十枚

No.　　タイプライター原稿用紙

康徳六年三月八日

民政部大臣　臧式毅

代理部務次長　葆康

南満洲鐵道株式會社

ヨ－0024　B切5　32×15　●分割打ヲ要スル原稿ハ五、六頁乃至一〇頁ニ區切ルコト

No.

交通部訓令第一八〇號（交路第五、二第二〇二号）

熱河省長ニ令ス

北票承徳間及朝陽赤峰間ノ國営自動車路線ニ在リテ許可ヲ得ス私営自動車運輸ヲ業ニ擅縦ナル行為ヲ為スモノ多ク有之由ナルガ是レ法令ヲ無視シ國家事業ノ利益ヲ阻害スルモノナルヲ以テ実状ヲ調査シ本部ニ報告シ並ニ速ニ営業ノ停止ヲ命ズルト共ニ今後ノ取締ニ付テハ関係所属機関ニ轉令シ厳重ニ励行セシムベシ此ニ令ス

大同二年十月二十日

交通部總長　丁鑑修

No.

熱河省公署訓令第一一五號

熱河省公署訓令第一一五號

承徳古北口間自動車運輸事業許可証ヲ交附スル件

縣公署
辦事處ニ令ス

交通部訓令第一一四號（交路第五二第四二二號）ヲ奉シタルニ貴省承徳地方ハ今回ノ事変ニ遇ヒ食糧不足セルノミナラズ一般ノ物資モ亦缺乏セルノ感アリ該地住民ノ疲敝ハ実ニ言語ニ絶スルヲ以テ一日モ早ク方法ヲ講シ救済ヲ計ラントスルモ其ノ遠ク大埠ト隔タリ加フルニ交通不便ナルニ因リ此ノ種ノ計画アリト雖モ一時ニ之ヲ実行シ難シ今ヤ左記發起人二名アリ承徳古北口間ノ自動車運輸事業ノ計画ヲナシ已ニ申請書ヲ具シ関東軍々部ヲ

No.

通シテ本部ニ提出シ来レリ該営業内容ヲ考査スルニ代表人ノ資産状態及信用程度等ハ確実ニシテ十分ニ発達ノ可能性アリ既ニ本日許可執照ヲ交付セルモ該許可ハ自動車営業法令ノ未ダ頒布セザル以前ヲ以テ有効期間ト為シタルヲ以テ新法令公布後ニ於テ再ビ申請スルヲ要ス此ノ旨批示遵守セシムル外許可原文照一通ヲ送付スルニ付知照スベシ此ニ令ス　附記代表人河北省人張慕賢日本人阪田誠盛云々ト依テ本令ト共ニ原件写ヲ送付スルニ付

貴處縣局ハ知照スヘシ此ニ令ス

大同二年八月一日

熱河省警備司令官
兼管省長職務　張海鵬

ヨ－0022　B列5　28字×10　南滿洲鐵道株式會社　(16. 6. 5,000冊)

No.　タイプライター原稿用紙

興安總署訓令第四六二号

興安北分省長ニ令ス

海拉爾興安警察局ノ具申ニ據ルニ別紙ノ如ク查スルニ自動車運轉ノ營業ニ関シテハ大同二年五月三十一日教令第四十三号ヲ以テ交通部ノ管理ニ帰スルコトヲ公佈セラレ已ニ貴省ヲ經奉ヲ命セラレ該商人自動車運轉營業許可請求書ハ貴省ニ送達スヘシ貴省ヨリ交通部ニ轉送シ處理セシムル道ニ運用スヘシ此ニ令ス

附　原呈文写一通

大同二年七月二十七日　興安總署總長　齊默特色木丕勒

公報一七八号

海拉爾興安警察局来文

茲ニ國際運輸会社海拉爾出張所長ノ具申ニ據ルニ北記區域内ニ於ケル自動車運轉ノ許可相成ラハ一日モ早ク道路修理ニ着手スヘク此旨アランコトヲ請求ス茲ニ文書ヲ具シ審查手達ヲ請フ又海拉爾河及根河ニハ永久的木橋ヲ架設シ使地

南満洲鐵道株式會社

ヨ－0024　B切5　32×15　●分割打字ヲ要スル原稿ハ五、六頁乃至一〇頁ニテ區切ルコト

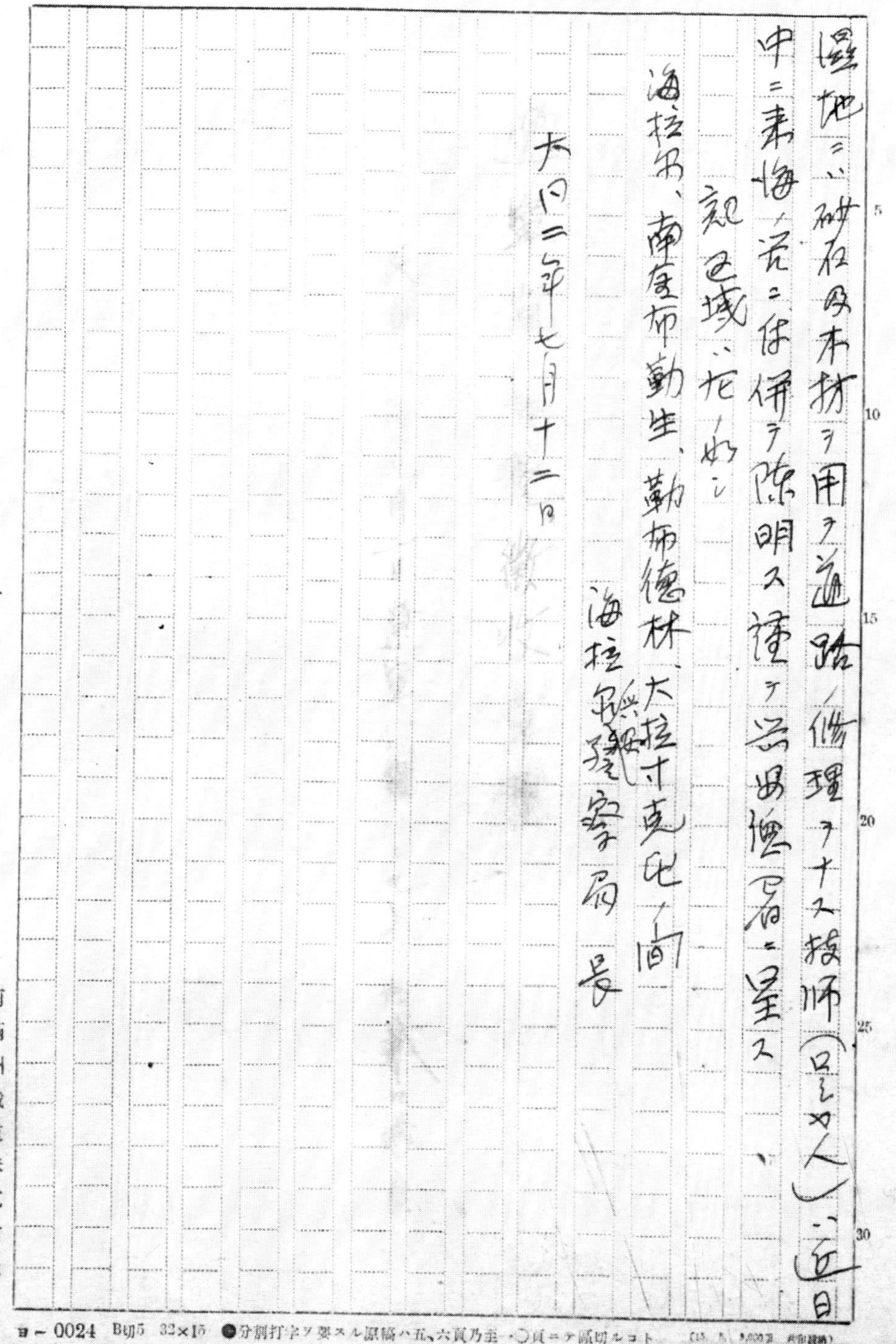
No.　タイプライター原稿用紙

湿地ニハ砂石及木材ヲ用テ道路ノ修理ヲナス技師（日本人）ハ近日中ニ来海ノ筈ニ付併テ陳明ス謹テ呉安徳君ニ呈ス、

祝運域ハ花如シ

海拉爾、南屯布勒生、勒布德林、大拉汁克屯ノ間

海拉爾鉄路交渉局　長

大同二年七月十二日

南滿洲鐵道株式會社

日－0024　B切5　32×15　●分割打字ヲ要スル原稿ハ五、六頁乃至一〇頁ニテ區切ルコト

No.

辽宁省租税徵收章程

民国十八年九月一日辽宁公报二〇九号所載ニ依ル

ヲ－0022　B列5　28字×10　南滿洲鐵道株式會社　(15. 7. 3.400冊 [illegible])

No.

遼寧省租税徴收章程

（民國十八年九月一日遼寧公報二〇九号所載に依る）

譯者註　本章程の施行期日は今尚ほ未定なるも既に七月二十三日第四十次省政府委員會に於て決議通過し七月三十一日を以て省政府主席より所属各機関に發令し居れば近く其の実施を見るべく参考の為め譯載することゝした。

第一章　總則

第一條　本章程は本省各種租税の徴收を整頓及確定せんが為め設けたるものにして名を定めて遼寧省租税徴收章程と為す

タ―0022　B列5　28字×10　南滿洲鐵道株式會社　（15.7.5.400冊 納品）

第二條　本章程の效力は遼寧省全部に及ぶ但し中央法令と抵觸するものは此の限にあらず

第三條　本章程は實行の日より起り本章に於て以前より施行せられつゝある各種徵收章則にして凡そ本章程と抵觸するものは總て其の效力を失ふ

第四條　本章程の規程に依り租稅を完納せるものに對しては再び其の他の租稅を徵收するを得ず

第二章　租稅の種類及定率

第五條　本省に於ける租稅は暫く左列三類に依り之を徵收す

No.

甲　国家税

(一)　所得税

(二)　继承税(相续税)

(三)　消费税

乙　省地方税

(一)　田賦(地租)

(二)　契税

(三)　剪課(柞蚕飼育場の山地に課する税)

(四)　営業税

(五)　牲畜税(家畜税)

ヨ－0022　B列5　25字×10　南满洲鐵道株式會社　(15.7.5.400册 納)

No.

(六) 漁業税

丙 縣地方捐

(一) 車捐

(二) 房捐（家屋税）

(三) 船捐

(四) 廣告捐

(五) 屠宰捐

(六) 畝捐

(七) 其ノ他ノ雜捐

第六條　前條所列ノ所得繼承兩税ハ均シク中央政府ノ規定ニ依

ヨー0022　B列5　28字×10　南滿洲鐵道株式會社　(15. 7. 3,400冊 ...)

No.

り辦理す

第七條　消費税は奢侈品特産品普通品の三種に分つ

(一)　奢侈品の種類及其の税率は左の如し

イ.　蔘茸、燕翅、虎骨、鹿胎及其の他一切の奢侈品に類似するものは従價百分の二十五を徴す

ロ.　煙酒及其の他の清凉飲料は従價百分の二十を徴す

ハ.　絲毛織品、皮革、皮裘、毛羽及其の他貧民の生計に関係なき一切の物品は従價百分の十二を徴す

(二)　特産品の種類及其の税率は左の如し

イ.　豆類は従價百分の十を徴す（吉黒両省に通牒して徴

No.

収を劃一し以て差異を免れしむべし）

ロ、木材は従價百分の七・二六を徴す

ハ、繭絲類は従價百分の七・五を徴す

(三) 普通物品の種類及其の税率は左の如し

イ、油粮（油脂質穀物）細粮（上級穀物）は従價百分の五を徴す

ロ、雑穀は従價百分の一を徴す

ハ、凡て一二両款及前目に屬せざる土産物は従價百分の三を徴す

第八條　田賦は上中下及減等の四等に分ちて之を徴收す其の定

No.

率は左の如し
(一)上一畝に付毎年現洋一角五分四厘を徴す
(二)中等一畝に付毎年現洋一角一分を徴す
(三)下則一畝に付毎年現洋六分六厘を徴す
(四)減等一畝に付毎年現洋三分三里を徴す
第九條　凡そ不動産を賣買或は典質する物は其の契約に對し規定に照して税金を完納すべし
前項の契税章程は別に之を定む
第十條　蠶課(柞蠶飼育場に對する課税)は上中下三等に分ちて之を徴收す其の定率は左の如し

(一)上等剪場（柞蚕飼育場）三百畝に付毎年現洋三元を徴す

(二)中等剪場四百畝に付毎年現洋二元五角を徴す、

(三)下等剪場五百畝に付現洋一元五角を徴す

第十一條　営業税の種類及定率は左の如し

一、普通営業は一般人民の生計に関係を有するものを以て限度とし其の税率は百分の二と為す

二、特種営業即ち旅館　妓館　料理店　活動写真館其の他專ら娯樂或は享用に供する営業は其の税率百分の三と為す

三、奢侈営業即ち金銀珠石店　化粧品販賣業　時計眼鏡店　骨董装飾店　皮貨店及其の他奢侈に関係を有する営業は其

No.

の税率百分の五と為す

前例の営業にして二種以上を兼営せる者に対しては其の主業の税率に従ふ

第十二條　凡そ営業の商店は新開と旧設とを論ぜす均しく左列の事項を列記して営業牌照（鑑札）の下附を申請すべし

一、営業の種類屋号及其の所在地

一、営業者の姓名原籍及其の住所

一、営業資本額

一、全年の営業概算額

前項の営業牌照は毎年一回換領すべきものとす其の牌照費は

ヲ—0022　B列5　25字×10　南滿洲鐵道株式會社　（15. 7. 5.400冊 …）

No.

別に之を定む

第十三條　凡そ牛馬騾驢豚羊を賣買せる場合は從價百分の五を納稅すべし但し其の飼育せる家畜を自ら屠殺せる者に對しては徵稅するを得ず

第十四條　凡そ捕魚を以て營業と爲す者は漁稅を先納するを要す

前項の漁稅章程は別に之を定む

第十五條　車捐の種類及其の稅率は左の如し

一、大車四套騾馬以上は每年現洋四元を徵し二套騾馬以上は每年現洋二元を徵し二套騾馬に及ばざるものは每年現洋一

ヨー0022　B列5　28字×10　南滿洲鐵道株式會社　(15.7.5.400多)

No.

元五角を徴す

二　自動車は其の自用車毎月現洋三元を徴し営業車は毎月現洋六元を徴し長途用は毎月現洋一元を徴す

三　馬轎車は毎月現洋一元を徴す

四　洋式大馬車は毎月現洋二元を徴す

第十六條　凡そ城内に建築せる家屋に對しては家賃の百分の二以上百分の十以下の地方捐を課することを得其の自用家屋は近隣同等の家賃を以て標準と爲す

第十七條　船捐は各地方徴收機關に於て地方事情を斟酌して其の捐率を定め財政廳に申請し其の承認を求めて決定すべし

No.

前項の船捐は積載重量を以て徴收の標準と為し其の毎回の繋岸に對し積載重量一噸に付現洋五分を超過するを得ず

第十八條　廣告捐の種類及其の捐率は左の如し

一、揭載類の廣告は揭載費の百分の十を徴す

一、印刷類の廣告は印刷費の百分の二十を徴す

一、立看板類の廣告は立看板費の百分の四十を徴す

一、活動寫真類の廣告は其の映画及請負費の百分の五十を徴す

一、行列類の廣告は其の行列設備費の百分の六十を徴す

一、裝飾類の廣告は其の裝飾費の百分の六十を徴す

ヨ－0022　B列5　28字×10　南滿洲鐵道株式會社　(15.7.5.400冊 [illegible])

No.

一、贈品類の廣告は其の贈品價格の百分の五十を徴す
第十九條　屠宰捐は屠殺機關より代徴し章程に照して所定の官廳に送付すべきものにして其種類及定率は左の如し
一、牛一頭に付現洋四元を徴す
二、豚同現洋二元を徴す
三、羊同現洋五角を徴す
第二十條　畝捐徴收の等級は田賦と同一にして其定率は左の如し
一、上等地一畝に付毎年現洋一角四分六厘を徴す
二、中等地一畝に付毎年現洋一角四分を徴す

三、下等地一畝に付毎年現洋一角三分四厘を徴す

四、減等地一畝に付毎年現洋六分七厘を徴す

第二十一條　本省各縣及び其の他の徴收機関は本章程第五條丙項七款の規定に依り雜捐を徴收することを得前項雜捐の徴收は其徴收官より案を作成して財政廳に其承認を申請すべし

第三章　徴收機関及其手續

第二十二條　本省租税は財政廳より一定の機関に委託し或は專局を設けて之を徴收すべし

第二十三條　人力手工製造品にして其原料に對しまだ納税せ

No.

ざるものは原料税を補納すべし

第二十四條　田賦專課及車船家屋廣告等に関する税捐徵收手續は務めて簡便なるを要す其の章程は別に之を定む

第二十五條　屠殺宰捐は屠殺當時之を徵收す

第二十六條　牌照費は商店の開業當時或は毎年度開始の時之を徵收す

第二十七條　所得税は法人或は個人の所在地に於て之を徵收す

第二十八條　營業税は月末賣上高に依りて之を徵收す其貸借を營業とする者に對しては所得すべき利息金額に依り之を徵收す

ヨ—0022　B列5　28字×10　南滿洲鐵道株式會社　(15.7.3.400冊 ……)

第二十九條　消費税及牲畜税は生産地或は賣買地に於て之を徴收す

第三十條　商人消費税を完納し其の貨物を交易地に運搬せる時は税票を持して速に該管徴收機関に至り貨物の種類及數量を報告し以て檢査を受くべし

第四章　奬懲

第三十一條　徴收機関は其徴收せる各種税に對し逐月表册を作成し章程に照して送金すべし違反者は酌量處罰す

前項の送金章程は別に之を定む

No.

第三十二條　徵收官吏が督徵官所定の豫定額に比し多く徵收せし場合は督徵官より其增徵額に對し夫々褒賞すべし

第三十三條　徵收官吏にして商人と共謀して不正の行為を行ひ或は徵收豫定金額に達せざる場合は督徵官より法に依り之を懲罰すべし

第三十四條　前條の獎懲章程は別に之を定む

第三十五條　稅捐完納の商人にして第三十條の規定に違反して檢查を受けざる者に對しては三十元以下の過怠金を料することを得

第三十六條　商人貨物を交易地に運搬し未だ稅捐を完納せず且

No.

つ即時報告して檢查納税を行はざる者に對しては強制して納税を行はしむる外其税額五倍以下の罰金に處す

第五章　訴願

第三十七條　商人に於て徴收官吏の所為に對し苛酷或は違法と認めたるときは財政廳省政府或は財政部に訴願を提出することを得

第六章　附則

第三十八條　本章程施行細則は別に之を定む

No.

第三十九條、本章程に若し不備の點あるときは財政廳長或は省政府委員二人以上の提議に依り之を修改することを得、

第四十條　本章程は　月　日より施行す

（浜岡訳）

No.

註二、東省特別区自動車取締規則（吉林公報民国十年八月十七

（東省特別区警察総管理處公布）

第一條　自動車ニ對シテハ其自家用タルト営業用タルトヲ論セス均シク本規則ニ依リテ其取締ヲ行フ

第二條　自動車ヲ有スルモノ及自動車営業ヲ営ム者ニ對シテハ所管区署ヨリ車數ヲ確実ニ調査シ自動車一台ニ付本規則二通ヲ発給シ一通ハ車主ニ給シ、一通ハ運転手ニ給シテ遵守ニ資セシム

第三條　自動車主ハ市参事会ヨリ許可証及鑑札ヲ領取シ規定ノ税捐ヲ納付スベシ、市参事会ハ該車主及運転手ノ姓名、年令、原籍、住所、車台番号ヲ査明シテ所定ノ帳簿ニ記入シ置クベシ

No.

第四條　営業用自動車ハ各該区署ノ規則ニ依リ其取締及監視ヲ受クヘキモノトス

第五條　自動車ノ駛行速度ハ一分間ニ半支里ヲ超ユルコトヲ得ス、又曲角及公衆雑沓ノ場所ハ努メテ徐行シ警笛ヲ鳴ラシテ危険ヲ免レシムヘシ

第六條　自動車ハ運轉中巡警ノ指揮ヲ受クヘシ

第七條　巡警ノ指揮手勢ハ左ノ如シ

一、巡警カ右手ヲ上ニ高ク挙グルハ駛行ヲ停止スルノ標識トス、

二、巡警カ高ク挙ケタル手ヲ下ゲタル時ハ運轉差支ナキ標識トス

三、巡警カ右手ヲ右方ニ平ニ出セル時ハ右方ニ駛行差支ナキ標識トス

四、巡警カ左手ヲ左方ニ平ニ出セル時ハ左方ニ駛行差支ナキ標識トス

No.

第八條 自動車カ曲角等ノ場所ヲ駛行スル時ハ第五條ニ依ルノ外ハ該運轉手ハ手勢ヲ以テ方向ヲ示シ巡警ノ指揮ニ便スヘシ

第九條 運轉手ノ手勢ハ左ノ如クスヘシ

一、右行ノ手勢ハ右手ヲ右方ニ向ケ指示スヘシ

二、左行ノ手勢ハ左手ヲ左方ニ向ケ指示スヘシ

三、前行ノ手勢ハ右手ヲ前方ニ向ケ指示スヘシ

第十條 運轉手ハ自動車ニ乗レル人ノ身ニ危険物ヲ携帯セルコトヲ発見シタル時ハ直ニ巡警ニ報告スヘシ若シ之ヲ知ッテ報告セサル場合ハ共謀者トシテ処罰セラルヘシ

第十一條 運轉手カ匪賊ト共謀シテ掠奪ヲ行ヘル等ノ事実アリタル

ヨー0022 B列5 28字×10 南満洲鉄道株式会社

No.

場合ハ該車主ハ連帯責任ヲ負ヒ並ニ其自動車ハ之ヲ没収シ公売ニ付シ官ノ収入ト為ス

第十二條　自動車若シ危険事故発生シタル場合ハ直ニ運転ヲ停止シ巡警ノ処置ヲ俟ツベシ

第十三條　日没後ハ自動車ノ前後ニ燈ヲ点スベシ

第十四條　自動車ノ到着地点ハ広闊ナル場所ヲ選ビテ停車シ該運転手ハ自動車ヲ遠ク離ルルコトヲ得ス

第十五條　本規則ニ違反シタル者ハ違警罰ニ依リ処罰スベキモ其罪状重キモノハ法廷ニ送リ法律ニ依リテ処分ス

第十六條　本規則ハ公布ノ日ヨリ施行ス

ヨ－0022　B列5　28字×10　南満洲鉄道株式会社　(13. 2. 3,000冊 …)

遠距離自動車運轉手檢定規則

第一條　中華民國人民にして二十才以上に達し左記の資格を具有する者は遠距離自動車運轉手の檢定に應ずることを得

一、自動車運轉手学校の卒業證書を有する者

二、確実に運轉手の経驗を有し且つ稍や文字を解する者

三、身体健全にして耳目聰明なる者

四、神経病其の他の宿痾なき者

第二條　前條の資格を具有する者は本人の最近の半身像寫真二枚を携帯し建設廳又は建設廳に於て指定せる機関に至り願出づることを得、出願の際は手数料として二元を納付すべし其

K302

南滿洲鐵道株式會社

No.

の手数料は採否に拘らず返還せず

第三條、試験の日時は建設庁又は建設庁指定の機関又は派出試験員に於て之を定む、出願者定刻に出席せざるときは其の受験資格を失ふものとす

第四條　試験すべき事項

一、自動車の操縦

二、運轉及び其の他の規則

三、自動車の構造及び各部の效用

以上の内第一項に付ては必ず実地を試験し第二第三に付ては口頭を以て試問を行ふことを得

No.

第五條　受験者試験に合格せる時は建設廳より運轉手免許證を下付す免許證受領の際は免許料として三元を納付せしむ

第六條　運轉手免許證は毎年九月中建設廳又は建設廳の指定せる機関に於て検査を行ひ並検査手数料一元を納付せしむ　期限を過ぎ検査を受けざるものは無効とす

第七條　遼寧省建設廳の免許證に非ざるものを所持する運轉手が遼寧省に於いて遠距離自動車を運轉せむとするときは建設廳に於て免許證の検査を受け合格したるものは免許證検査手数量二元を納付して運轉手たることを許可す

第八條　運轉手は免許證を紛失し又は毀損したるときは再下付

第一0032・B列5　20字×10　南満洲鐵道株式會社

No.

を申請し並免許手数料三元を納付すべし其の有效期間は原免許證に継續して計算するものとす

第九條　運轉手は運轉及び其の他の規則に違犯したるときは事情に依り輕重を分ち夫々處罰し又は運轉手免許證を返還せしむ、但し運轉手飲酒をなし又は身体上精神衰耗の病症等を發生し運轉及び其他の規則に違犯せるときは即時其の運轉手免許證を返還せしむ

第十條　本規則に於て不備なる事項に付ては建設廳に於て提議の上改正するを得

第十一條　本規則は省政府委員会に於て決議し公布の上施行す

遼寧省自動車営業種別

一、自ラ私用道路ヲ開ク者ハ甲種営業

二、公道ヲ拡張修築スル者ハ乙種営業

三、公道ヲ借用スル者ハ　丙種営業

営業許可証ハ満一ケ年毎ニ更新スルコトトシ　下掲ノ數額ハ許可証更新ノ都度次ノ種別ニヨリ徴収セシム

一、甲種ノ　現大洋　二十元　印紙税　二元

二、乙種ノ　現大洋　四十元　〃　二元

三、丙種ノ　現大洋　八十元　〃　二元

No.

關東局法規提要

自動車取締規則拔萃

「車庫」

昭和十一年三月十二日

局令第九号

改正　昭一二年第一一一号

昭一三年第　三四号

ヨ—0022　B列5　28字×10　南滿洲鐵道株式會社　(15. 7. 5.400冊 納川商)

自動車取締規則

昭和十一年三月十二日
局令第九号
改正 昭十二年第一二号
昭十三年第三四号

第七章 車庫

第百六條 自動車格納庫ノ設置、移轉、改造又ハ增設ヲ為サムトスルトキハ左ノ事項ヲ具シ車輛格納室面積十五平方米以上ノモノニ在リテハ關東州廳長官ノ、其ノ他ノモノニ在リテハ車庫ノ所在地ヲ管轄スル警察署長ノ許可ヲ受クベシ第四號乃至第十號ノ事項ヲ變更セムトストキ亦同ジ

一、本籍、住所、氏名及生年月日

二、位置

ヨ－0022 B列5 23字×10 南滿洲鐵道株式會社

No.

三、附近百米以内ノ見取図及道路ノ幅員

四、用途　自家用及営業用ノ別

五、車庫ノ内面積、格納スベキ車輌ノ数及種類

六、車庫ノ構造　仕様書及正面図、側面図、平面図、断面図ヲ添附スルコト

七、消火設備及給油方法其ノ他附属設備ノ大要

八、燃油、滑油ノ貯蔵装置ノ大要　仕様書及正面図、側面図、平面図、断面図ヲ添付スルコト　及最大

貯蔵量（リットル又ハガロン）

九、車庫ヲ賃貸スルモノニ在リテハ其ノ賃貸條件

十、竣工期日

前項第一號乃至第三號ノ事項ニ変更アリタルトキハ×日以内

ヨー0022　B列5　28字×10　南満洲鐵道株式會社　(15.7.5.400)

ニ其ノ旨ヲ届出ヅベシ
第百七條　車庫ノ構造設備ハ左ノ制限ニ依ルヘシ但シ関東州廳長官ハ土地ノ状況其ノ他ノ事情ニ依リ之カ斟酌ヲ為スコトヲ得
一、車庫ノ内壁及天幣ハ不燃質物ヲ以テ築造スルコト
二、窓及出入口ニハ扉又ハ戸ヲ設ケ耐火構造ト為スコト
三、床ハコンクリート造ト為スコト
四、建物ノ一部ヲ車庫ト為ス場合ニハ之ト他ノ用途ニ供スベキ部屋トノ境界ハ防火壁ヲ以テ区劃シ各別ニ出入口ヲ設クルコト

ヨ－0022　B列5　28字×10　南満洲鉄道株式会社　(15. 7. 5.400冊 納)

No.

五、車庫内ニ於ケル給油ハ可搬式安全油槽又ハ地下埋没油槽ニ連絡スル漏洩ノ虞ナキ喞筒管ヲ以テ為スコト

第百八條　第百六條ノ工事竣功シタルトキハ同條第一項ノ区別ニ從ヒ當該官廳ノ使用認可ヲ受クベシ

前項ノ認可ヲ受ケタル後ニ非サレハ車庫ヲ使用スルコトヲ得ズ但シ竣功前ト雖モ關東州廳長官ニ於テ支障ナシト認メタルトキハ一部使用ヲ認可スルコトヲ得

第一項ノ認可ヲ與ヘタルトキハ別記第九號様式ノ使用認可證ヲ交付ス

第百九條　車庫ノ使用者ハ車庫ノ外部見易キ箇所ニ左ノ事項ヲ

No.

揭示スヘシ

一、住所、氏名及車庫ノ位置

二、車庫主ノ住所、氏名及車庫ノ使用認可番號

三、車庫ノ用途

四、格納スヘキ車輛ノ數及記號番號

五、擔當運轉者ノ氏名

第百十條　車庫ヲ讓受ケムトスルトキハ當事者連署ノ上使用認可證ヲ添ヘ其ノ認可ヲ申請スヘシ但シ連署スルコト能ハザルトキハ其ノ事由ヲ具シ之ヲ證スヘキ書類ヲ添附スベシ

車庫主ノ死亡ニ因リ其ノ車庫ヲ承繼シタル相續人ハ相續ノ事

ヨ－0022　B列5　28字×10　南滿洲鐵道株式會社　(15.7.8.400冊)

No.

実ヲ記スヘキ書類及使用認可証ヲ添ヘ十四日以内ニ其ノ旨ヲ届出ヅベシ

第百十一條　使用認可証ヲ亡失シ又ハ毀損シタルトキハ其ノ事由ヲ具シ再交付ヲ受クベシ

第百十二條　車庫ハ格納スル自動車アルトキハ之ヲ廃止スルコトヲ得ズ但シ格納自動車ノ使用主ニ対シ二月以上ノ期間ヲ附シ豫メ廃止スベキコトヲ告知シタルトキハ此ノ限ニ在ラズ

第百十三條　車庫ヲ廃止シタルトキハ七日以内ニ使用認可証ヲ添ヘ其ノ旨ヲ届出ヅベシ車庫ガ滅失シタル時亦同ジ但シ使用認可証ヲ添附シ能ハザルトキハ其ノ事由ヲ附記スベシ

ヨ－0022　B列5　28字×10　南滿洲鐵道株式會社　(15. 7. 8-400冊 [illegible])

No.

前條但書ノ場合ニ於テハ廢止届ニ告知シタル旨ヲ證スル書類ヲ添附スベシ

第百十四條　自家用トシテ許可ヲ受ケタル車庫ニハ營業用自動車ヲ格納スルコトヲ得ズ

第百十五條　車庫主自ラ車庫ヲ管理スルコト能ハサルトキハ管理人ヲ定メ連署ノ上第百六條第一項ノ区別ニ從ヒ當該官廳ニ屆出ヅベシ

管理人ハ車庫主ニ代リ車庫管理上ノ責ニ任ズ

関東州廳長官管理人ヲ不適當ト認ムルトキハ之ガ變更ヲ命ズルコトヲ得

ヨ—0022　B列5　28字×10　南滿洲鐵道株式會社　(15. 7. 5.4000 ...)

No.

第百十六條　車庫内ニ於テハ左ノ事項ヲ遵守スヘシ

一、消火設備ハ常ニ其ノ機能ヲ完全ナラシムルコト

二、照明ハ電燈ニ依ルコト

三、喫煙ヲ為サザルコト

四、火気ヲ使用セザルコト

五、自動車ノ格納以外ニ使用セザルコト

第百十七條　車庫ニシテ左ノ各號ノ一ニ該當スルトキハ関東州廳長官ハ其ノ許可ヲ取消スコトヲ得

一、虚偽ノ申請ヲ為シタルトキ

二、竣功期日ヲ經過スルモ尚竣功セザルトキ

ヨー0022　B列5　28字×10　南満洲鐵道株式會社　(15.7.3.400冊 ■■)

No.

第百十八條　車庫主又ハ車庫ノ使用者ニシテ車庫ニ關シ本令又ハ本令ニ基ク命令ニ違反シタルトキ又ハ車庫ニシテ交通上支障ヲ生シ若ハ保安上危害ヲ生スルノ虞アリト認ムルトキハ關東州廳長官ハ其ノ使用ヲ禁止シ若ハ停止シ又ハ特別ノ構造設備ヲ為サシメ其ノ他必要ナル事項ヲ命ズルコトヲ得

第百十九條　車庫ヲ他人ニ賃貸スルコトヲ業ト為サムトスル者ハ左ノ事項ヲ具シ關東州廳長官ノ許可ヲ受クヘシ第四號及第五號ノ事項ヲ變更セムトスルトキ亦同シ

一、本籍、住所、氏名及生年月日

二、車庫ノ位置

No.

三、車庫主ノ氏名

四、格納スヘキ車輛数

五、賃貸條件

第百二十條　第九十六條ノ規定ハ前條ノ賃貸業者ニ之ヲ準用ス

ヨ－0022　B列5　28字×10　南滿洲鐵道株式會社　(15.7.3.4000冊 [illegible])

No.

交通整理ノ信号方法

昭和六年九月十日
告示第百十一号

交通整理ノ信号方法左ノ通定メ昭和六年十月一日ヨリ之ヲ施行ス

手ニ依ル信号

一「止」ノ信号ヲ為スベキ場合

止メントスル交通ニ正面シ信号棒（第一圖ノ如シ）ヲ右方又ハ左方水平ニ擧グ（第二圖ノ如シ）

信号棒ヲ用ヒザル場合ハ掌ヲ前ニシ右手ヲ右方又ハ左手ヲ

ヨ－0022　B列5　25字×10　南満洲鐵道株式會社　（15. 7. 5.400冊 [illegible]）

No.

左方水平ニ挙グ

二、一方交通ニ対シ一般的ニ「止レ」ノ信号ヲ発スノ外其ノ交通中ノ特定ノモノニ対シ「進メ」ノ信号ヲ発スベキ場合

前号ノ信号ヲ発スノ外進マシメントスルモノニ対シ顔ヲ正面シ目ヲ注ギ左手又ハ右手ヲ前方水平ニ挙ゲ掌ヲ内ニシ下膊ヲ上方ニ直角ニ曲ゲ之ヲ前後ニ動カス（第三図ノ如シ）

三、一方ノ交通ニ対シ一般ニ「止レ」ノ信号ヲ発スノ外左方又ハ右方ヨリ来ル特定ノモノニ対シ「止レ」ノ信号ヲ発スベキ場合

第一号ノ信号ヲ発スノ外止メントスルモノニ顔ヲ正面シ目ヲ注ギ左手ヲ左方又ハ右手ヲ右方水平ニ挙ゲ掌ヲ外ニシ下膊ヲ上方ニ直角ニ曲グ（第四図ノ如シ）

No.

四　一方ノ交通ニ対シ一般的ニ止レノ信号ヲ與スノ外左方又ハ右方ヨリ来ル特定ノモノニ対シ進メノ信号ヲ與スベキ場合第一号ノ信号ヲ與スノ外進マシメントスルモノニ顔ヲ正面シ目ヲ注ギ左手ヲ左方又ハ右手ヲ右方水平ニ擧グ掌ヲ内ニシテ下膊ヨリ上方ニ直角ニ曲グルヨリ左右ニ動カス（第五圖ノ如シ）

信号機ニ依ル信号

一　赤色信号（止レ）ハ停止線ニ於テ停止スベキコトヲ停止線ナキ場所ニ在リテハ道路ノ交叉點外ニ於テ停止スベキコトヲ示ス

二　黄色信号（注意）ハ道路ノ交叉點外ニ在ルモノニ対シテハ交

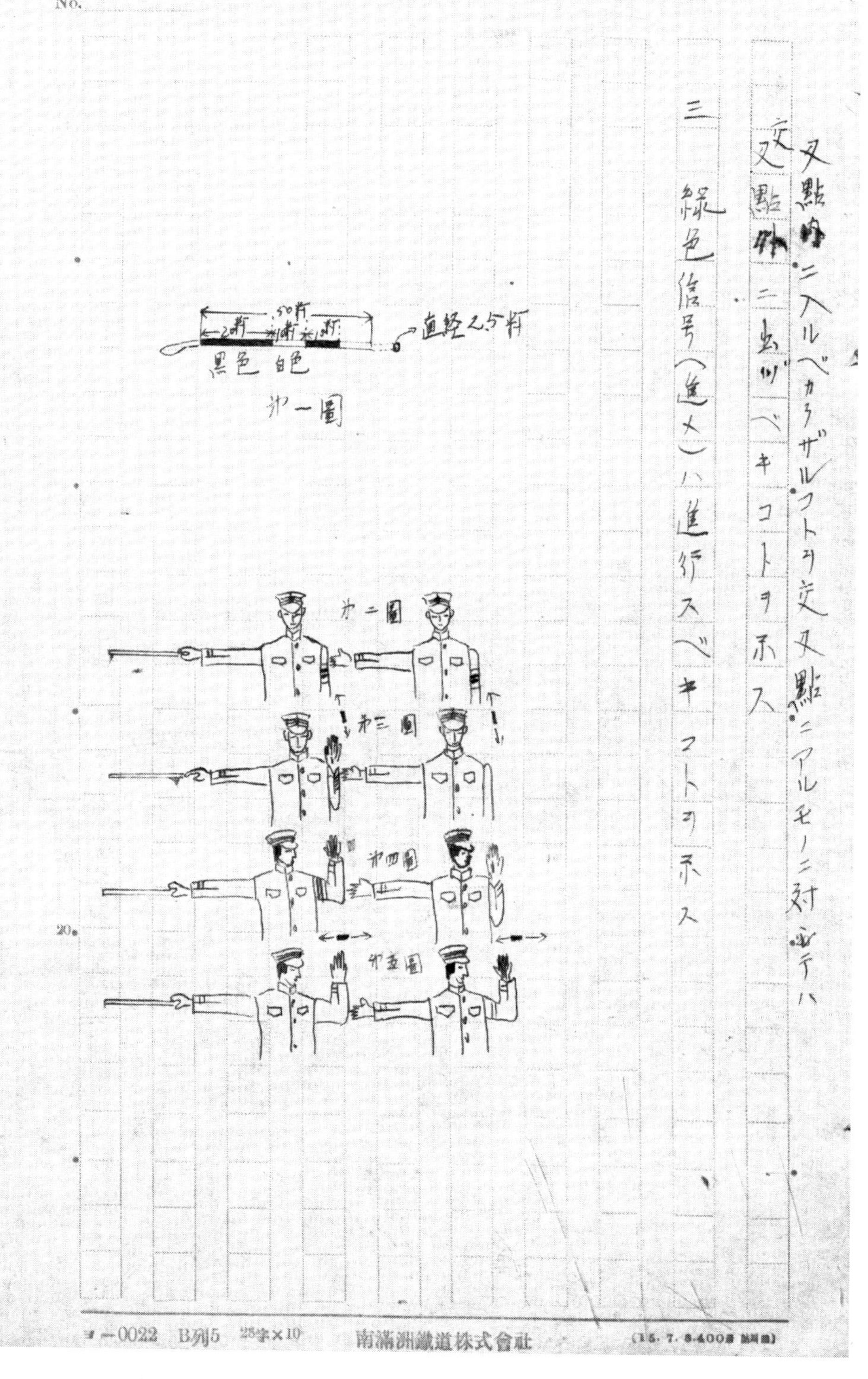
No.

叉點内ニ入ルベカラザルコトヲ交叉點ニアルモノニ対シテハ交叉點外ニ出ヅベキコトヲ示ス

三　緑色信号（進メ）ハ進行スベキコトヲ示ス

ヨ—0022　B列5　25字×10　南満洲鐵道株式會社